バナナの魅力を
100文字で
伝えてください

誰でも身につく
36の伝わる法則

香蕉

特别会说话

[日] 柿内尚文——著
王祝——译

贵州出版集团
贵州人民出版社

版权贸易合同审核登记图字：22-2022-086号

图书在版编目（CIP）数据

香蕉特别会说话 /（日）柿内尚文著；王祝译. --
贵阳：贵州人民出版社，2022.11
ISBN 978-7-221-17268-6

Ⅰ.①香… Ⅱ.①柿… ②王… Ⅲ.①心理交往—通
俗读物 Ⅳ.①C912.11-49

中国版本图书馆CIP数据核字(2022)第163810号

香蕉特别会说话 XIANGJIAO TEBIEHUISHUOHUA

[日]柿内尚文 著 　 王祝 译

出 版 人　王 旭
总 策 划　陈继光
责任编辑　陈珊珊
装帧设计　Yoshioka_Yuutarou
出版发行　贵州人民出版社（贵阳市观山湖区会展东路SOHO办公区A座，
　　　　　邮编：550081）
印　　刷　凯德印刷（天津）有限公司（天津市宝坻区马家店工业区天元
　　　　　路南50米，邮编：301815）
开　　本　880毫米×1230毫米　1 / 32
字　　数　110千字
印　　张　6.25
版　　次　2022年11月第1版
印　　次　2022年11月第1次印刷
书　　号　ISBN 978-7-221-17268-6
定　　价　52.00元

目录

......

第3章　传达技巧并不是表达技巧

前言

问题
....

　　据说某家生意极好的果蔬店会为顾客提供一条一般不会让顾客知道的"信息"。这条"信息"究竟是什么呢？

答案

　　这家店会如实告诉顾客今天不推荐购买的蔬菜和水果有哪些。

真是令人感叹啊，世上居然有为顾客着想到这种程度的店铺。

听了这个故事，我非常惊讶。如果告诉顾客哪些商品不推荐购买，那些商品肯定就卖不出去了。但是，这家店的老板对这一点似乎并不在意。

据说老板这样做主要是因为顾客大多是熟客，他们每天都会来这家店采购。如果顾客在店里买到不新鲜的水果、蔬菜，这家店的口碑就会被影响，熟客们下次说不定会选择去附近的其他超市购物。因此，这家店会尽可能地如实为顾客提供购买建议。

了解了这个缘由，我认为**这位老板的说话方式非常巧妙**。因为**这件事其实蕴含着一个关于传达方法的道理**。

这家店之所以采取这种做法，也许只是单纯出于对顾客感受的考虑。实际上，他们妙用了所谓的"传达技巧"。

首先，他们通过**将缺点告诉对方来衬托优点**。如实告诉对方"不推荐买什么"，反而能赋予"推荐买的商品"更高的价值。这就是传达技巧之一——**比较法则**。

其实，很多书的书名也运用了比较法则，例如《富爸爸，穷爸爸》《机灵鬼和糊涂虫的说话方式》等畅销书。通过比较，能够轻而易举地突出事物的价值。从结果来看，这家果蔬店采用的是同一种方法。

其次，他们还运用了"**信任感**"这一传达技巧。

果蔬店将不足之处如实地告诉顾客，让顾客更加信任这家店。这样一来，他们就成功地构建了"**如实相告→让对方产生信任感→对方更愿意听取意见**"这个模式。

虽然这是一个很小的细节，但仅凭这一点就可以使信息传达的效果发生翻天覆地的变化。要做到这一点，最好的办法就是**掌握传达技巧**。

虽说是技巧，但并非难事，只要掌握几个小窍门即可。凭这些小窍门便能极大地改变信息传达的效果，也会使我们更加自信。

顺便提一句，到目前为止，我用的不是"**表达**"这个词，而是"**传达**"。这两个词虽然相似，但主体完全相反。

"传达"以对方为主体，而"表达"以自己为主体。

在现实生活中，传达技巧的应用十分广泛。例如，**吉野家那句著名的广告语"好吃、实惠、快捷"就符合事实与情感法则这一传达技巧。**曾经很受欢迎的日本电影《**垫底辣妹**》（讲述了一位成绩垫底的女高中生在一年内将日本衡量学生成绩水平的指标偏差值提高40后考上日本名校庆应义塾大学的故事）在剧情展开的过程中运用了"**意料之中与意料之外**"法则这一传

达技巧。

　　无论是日常生活还是工作，这些传达技巧都适用于各类场合。

　　接下来，我想提一个关于"传达"的问题。

问题

通常，餐厅服务员会为客人倒水。据说有一种不改变水的成分却能让水变得好喝的方法。

请问，这个方法是什么？

答案

　　在给客人倒水的时候，不经意间向客人传递了一个信号——"这杯水很好喝，请您享用"。

这是一位从事接待服务工作的专业人士告诉我的。这里提到的"信号"指的是动作和情绪。据说在接待顾客时注重这两个方面就能完全改变传达效果（出自《接待服务行业的专业人士教你什么样的服务才能吸引顾客》）。具体来说，就是走到顾客桌前端正地站好，然后鞠躬致意；拿起杯子，轻轻地放在顾客面前，同时让顾客感受到你希望他们好好享用这杯水的情绪。

当然，如果这杯水明明不好喝，却故意将"这杯水很好喝"这个信号传递给顾客，那是万万不可的。但是，如果为顾客精心准备了水，那么想将这份心意传递给顾客也是人之常情的。如果是这样，即使不用语言表达，这份心意也会通过服务员的情绪传达给顾客。

仅凭这些小技巧，就能让对方产生完全不同的印象。

说了这么多，其实我主要是希望大家能理解以下3点：

①如果不表达出来，对方永远不会理解。

②仅凭单方面的表达很难将信息传达给对方。如果表达有缺陷，信息传达就不会到位。而且，表达是有技巧的。

③不仅是语言，"态度＋表情"也是传达信息时发挥作用的重要因素。

读到这里，有些人也许会想："这些不都是理所当然的事吗？"但在日常生活中，这些理所当然的事很容易被人忽视。

这里以夫妻之间的交流为例进行说明。

刚开始交往或刚结婚的时候，两个人经常把"我爱你""我喜欢你"之类的话挂在嘴边。但随着在一起的时间越来越长，说这些话的频率也越来越低。虽然一同度过了漫长的岁月，心中的爱意也逐渐加深，但是如果不把"我爱你""我喜欢你"这样的话说出来，对方可能会对这段感情产生怀疑，担心"他（她）是不是不爱我了""他（她）是不是不喜欢我了"。

是啊，我们总觉得："对方应该理解我的意思吧？之前已经说过了，所以不说出口也没事吧？"

这种想法是行不通的！

我们不仅要说出来，有时往往需要通过态度或表情表达出来，否则对方永远也不会理解——人类就是这样的生物。

那么，我们该如何表达呢？这个问题正是我在书中想说明的问题之一。

写到这里，请允许我做一下自我介绍吧。

我叫柿内尚文（读音为KAKIUCHI TAKAFUMI），是日本东京人，父母都来自日本鹿儿岛县。第一次跟我见面的人几乎都会把我的名字"尚文（读音为TAKAFUMI）"读作"NAOFUMI"，偶尔还会有人读成"SHOBUN"（日语中"尚"有TAKA、NAO和SHO三个读音，"文"有FUMI和BUN两个读音）。

这是已故的祖母为我取的名字。据说曾是语文老师的她之所以为我取这个名字，是因为希望我今后成为一个"崇学尚文"的人。在这种潜移默化之下，我成了一名文字工作者——编辑。祖母将她的谆谆教诲融入了我的名字中，成为指引我前行的明灯。

作为一名编辑，我编辑了许多书籍、杂志，也有幸参与了一些畅销书的出版工作。我策划出版的书籍和杂志累计发行超过1000万册。目前，我不仅从事编辑书籍的工作，还从事商品和服务营销、个人品牌推广方面的工作。此外，我还会发表演讲或在研讨会上发言，也会自己写书。

简单地说，我认为编辑工作由三个部分构成，即"**发现价值**""**打磨价值**"和"**表达价值**"。

我现在之所以能写一本讲述表达方法的书，可能是由于我长期从事与表达相关的工作，积累了各种表达技巧。

但是，**其实我并不擅长说话和表达。如果要形容我不擅长的程度，用10个"超级"来形容都不为过。**

我尤其不擅长在公共场合发言。学生时代的我很害羞，在课堂上根本不敢举手，所以小学时的老师总是在学校联系册上写"缺乏积极性"这句评语。不论升学到几年级、换了几个老师，我的学校联系册上永远有这句评语。所以，直到现在，"缺乏积极性"这句话还深深地烙印在我的脑海中。

我上升学补习班时有过一次非常丢脸的经历。

那件事发生在一位知名日本史老师的课堂上，那位老师的课非常受欢迎。那天，教室里挤得满满当当的，大概有200多名学生来听课。我是一个人去的，所以旁边有一个空座位。

就在快要上课的时候，一位大家都认识的著名搞笑艺人突然走进了教室，坐在了我旁边的座位上！他对我说："等会儿借我看一下教材吧。"

在课堂上，老师对大家说："××先生说想学习日本史，所以今天来到了我们的课堂上。"

话音刚落，所有人的视线瞬间集中到这位艺人身上。

但是，当时**我觉得大家仿佛都在注视着我，这样的想法使我的脸瞬间变得通红**。直到现在，我还记得当时自己面红耳赤的窘态。

连那位艺人都调侃道："你的脸好红啊。"

　　这件事和表达方法似乎没有关联。总而言之，我想告诉大家的是，曾经我会因为被别人关注而浑身难受，在公共场合发言或者表达自己更是难上加难。

　　我也不擅长"推销"自己。学生时代，找工作时的小组面试对我来说简直比登天还难。在小组面试中，我经常因为觉得别人比自己优秀而失去自信，最终紧张到无法组织语言，导致被淘汰。

　　后来，有一句话改变了我。

那时，我已经工作了好几年，有一位为我提供工作指导的师父。在其他人眼里，他是那种吊儿郎当的"坏"男人。不过，他在工作以及为人处世等方面教会了我许多东西。正是他说的一句话改变了当时的我。

他说："**在职场上不必有羞耻心，要把性格和工作分开。**"

这句话令我恍然大悟。

从前，我在工作时总会将自身性格完全展示出来，因此产生了许多烦恼，也曾多次碰壁。现在回想起来，当时我之所以遇到困难，是因为自己在工作时以"自身性格优先"为宗旨。

我感叹道："原来把性格和工作分开就行了啊！"

多亏了那位师父，我明白了这个重要的人生道理。

这么一想，我好像也听说过，有些搞笑艺人在电视节目中非常活跃、有趣，私底下却很安静；许多运动员在比赛时激情澎湃，生活中却非常沉稳。

我曾负责过《松冈修造关于活出坚强人生的83句话》这本书的编辑工作。在这本书中，松冈先生写了一句这样的话："**双重人格太棒了！**"

这句话就是想告诉我们，要把性格和工作分开。

据说某位知名日本运动员得益于松冈先生的这句话，成功克服了内心障碍并实现了自我突破。看来，即便是顶尖运动员也会遇到性格方面的难题，而且不知该如何解决。

让我们回归正题。

将性格和工作分开后，我也迎来了自身的改变。

读到这里，你可能会问："这些是关于表达方法的内容吗？"不必怀疑，这些内容与我接下来要解释的表达方法有关。

我希望大家能够先记住这一点：**为了提升自我表达能力，我们必须把性格和表达分开。**

"如果我这样说，对方可能会不喜欢我。"

"我可能说错话了。"

"我不希望被误解。"

你可能会有这些担忧。但是，如果你不表达出来，那么这些事对他人来说就相当于不存在。

所以，就算是为了证明这些事的存在，我们也必须首先学会如何表达。

如果觉得难以表达，**就将性格与表达分开，尝试用另一种人格来表达。**

在转换人格的时候，我建议大家模仿自己脑海中那个擅长表达的人，思考"那个人在这样的情况下会如何表达"。脑海中的那个人可以是熟人，也可以是名人。总之，请试着在表达时"变成"那个人。

还有一点非常重要，就是我们需要注重**"传达结构"**和**"传达技巧"**。如果能理解传达结构并掌握传达技巧，就能提高表达的准确性，克服性格障碍。

那么，具体该怎么做呢？下面就来谈谈这个问题吧。

接下来要讲的内容并不是为了教大家如何夸大话题、活跃气氛或强行获得认同，而是希望大家能够学会如何将自己想表达的信息有效地传达给对方。

在表达的过程中，请务必利用传达结构和传达技巧，以便和对方更好地沟通。

那么，就让我们正式开始吧！

我将在本书结尾（见第174~175页）
解答书名《香蕉特别会说话》的含义，
请务必读到最后。

掌握传达技巧（可能）
会带来的积极影响

· 有助于解决问题。

· 增加属于自己的时间。

· 传达到位的信息会改善局面。

· 减少不必要的压力。

· 能够与他人更友好地相处。

· 变得受欢迎。

· 更容易取得工作成果。

· 不占用他人的时间。

· 提高销售业绩。

· 让合作伙伴心情愉悦。

· 职场生活更加开心。

· 校园生活更加开心。

· 写文章时更加开心。

· 减少烦心事。

· 心情舒畅。

· 改善夫妻关系。

· 改善亲子关系。

· 改善恋人关系。

· 增强自我认同感。

· 发现自己所做之事的价值。

本书的使用方法

- 请反复阅读，不要仅读一遍。

- 一定要让书中的内容成为属于自己的知识。可以在自己认为重要的地方画线，或在空白处写上自己的想法。

- 不要止步于吸收书中的知识，而是要根据自身情况在现实生活中进行实践，积极地运用这些知识。

- 以这本书为基础，找到你的专属传达技巧。

- 本书的后勒口部分（封底在切口一侧向内折叠的部分）可以作为便笺使用，请务必写上自己想说的话，再将本书作为礼物送给你珍视的那个人（这是我的个人建议）。

第1章
....

人们根据接收的信息
而非正确与否来进行判断

不传达等于不存在

首先请回答一个问题。（在本书中，我会提很多问题，以便让各位读者思考如何"有效传达"。）

请看下面的图片。图中有很多个"受"字，其中藏着一个"爱"字，请在5秒内找到它。

受受受受受受受受受受受受受
受受受受受受受受受受受受受
受受受受受受受受受受受受受
受受受受受受受受受受受受受
受受受受受受受受受受受受受
受受受受受受受受受受受受受
受受受受受受受受受受受受受
受受受受受受受受受受受受受
受受受受受受受受受受受受受
受受受受受受受受受受受受受
受受受受受受受受受受受受受
受受受受受受受受受受受受受

请在5秒内找到"爱"字。

怎么样？能够很快就找到吗？

其实，只要用心找就能找到。但是，乍一看，我们好像只能看到一堆"受"字，并不会注意到其中还有一个"爱"字。

你可能会问："这个问题和'传达'有什么关系呢？"其实，两者之间的联系非常紧密。

举例来说，当一家公司要推出一款新产品时，职员往往会为了做出好产品而努力。

传达的第一步是"吸引注意力"

受受受受受受受受受受受
受受受受受受受受受受受
受受**爱**受受受受受受受受受
受受受受受受受受受受受
受受受受受受受受受受受
受受受受受受受受受受受
受受受受受受受受受受受
受受受受受受受受受受受
受受受受受受受受受受受

"爱"字就在这里哦！

吸引不了注意力！

不管是推销商品还是服务，
人们常常会陷入这样的状态！

吸引注意力是非常必要的步骤。

最初，职员往往会欢呼雀跃，认为他们做出了一个很棒的产品，一定能畅销。但是，上市之后，他们发现销售情况并不理想。

这究竟是为什么呢？明明是很棒的产品，为什么会出现这样的情况呢？

其实，销售情况不理想是因为商品的魅力并没有传达给顾客。 在某些情况下，顾客甚至不知道市面上有这款产品。这种情况与藏在"受"字中的那个"爱"字所处的状态相同。

明明是努力做出来的产品，却仿佛在市面上"从未存在过"，自然很难卖出去。

※ 为了让大家从众多产品中知道某个产品的存在，必须充分传达其魅力！

我们可以联想一下自己去超市购物时的情景。在挑选商品时，我们的视线往往会被那些必须要买或者大幅降价的商品所吸引，至于其余商品，我们往往意识不到它们在货架上。

　　也就是说，**没能传达给对方的信息就等于不存在。**

　　因此，我们必须将自己想表达的内容有效地表达出来。

人会基于接收的信息进行判断

有一本名为《人九成看外表》的书曾经很畅销。

书名中的"九成看外表"这个概念来自美国心理学家艾伯特·梅拉比安提出的"梅拉比安定律"。该定律强调了非语言沟通的重要性。

实际上，关于"九成看外表"这个概念存在许多争议，但是，由于人们很容易根据直观印象来进行判断，因此，人们一般认为"我们不能仅根据外表去评判一个人"。"外表"这一信息传达给对方后，就成了对方进行判断的依据。也就是说，**内心等无法用肉眼看到的部分很难成为判断依据**，这便意味着内心"难以传达给对方"。

许多人可能会认为"就算我不说，对方也应该能懂""对方应该很懂我，所以我不必特意表达"。但非常遗憾，我要告诉各位，最好不要有这种期待。

为什么爱拍马屁的人更受喜爱

我听说过一件这样的事。

告诉我这件事的人工作特别努力、踏实、认真，但并不会在别人面前表现自己。

他跟我抱怨："我的上司完全不关注我。像我这样踏实但不怎么会表现自己的人评价不高，而那些工作不努力、爱拍上司马屁的人反而评价很高，我感觉自己干不下去了。"

我的确能理解他的感受。

但是，**从表达方式这个角度来看，他的做法其实很失败。**

人一般会根据自己接收的信息来进行判断。如果没有将信息表达到位，那么对方就很难理解我们的想法。

就算不需要花言巧语或阿谀奉承，至少**我们应该摒弃"即使我不说，对方也能理解"这种思维方式。**

兴趣和关注取决于表达方式

如果前面提到的那位踏实、努力的人能够很好地表达自己，那么上司对他的评价一定会提高。实际上，他工作非常努力，而且渐渐取得了一些成果。他只要将这些如实表达出来就可以了。

那么，究竟应该如何表达呢？

有一个任何人都能做到的简单方法——**增加接触频率**。

你有过下面这些经历吗？

第一次看到某个明星的时候，你并没有什么感觉，但当那个明星的身影反复在电视上或视频中出现时，你可能会在不知不觉间成为那个明星的粉丝。

第一次在公司里或学校里遇见某个人的时候，你并没有什么特别的想法，但如果那个人每天都出现在你面前，渐渐地，也许你会爱上那个人。

如果每次都是同一名快递员给你送快递，你就会对那个快递员产生亲近感。

第一次看到某个广告的时候，你可能会很疑惑："这个广告说的是什么？"但是看了好几遍之后，你越来越好奇。等你回过神来，你发现自己已经买了广告中的产品。

这些经历对我来说并不陌生。

你知道"**多看效应**"吗？这个概念是指多次接触某个人、某件物品或某项服务，人们的警惕性就会逐渐减弱，更容易对其产生兴趣和好感。

所以，前面提到的那位不被上司看好的员工只要**增加与上司接触的频率**就可以解决问题。他可以试着多向上司汇报、咨询，这些都不算难事。总之，"频率"十分重要。

表达一次就认为传达到位了，这样的想法十分危险

"听一遍就记住的人，才是工作上的专业人士。"

在我20多岁时，公司里的前辈经常对我说这句话——因为我总是记不住事。

等我自己成了前辈，我也对后辈们说了类似的话："作为一名专业人士，别人说过的话听一遍就要记住。"

但是，现在我正在反省自己说过的这句话。

学生时代的我根本没办法听一遍就记住老师讲授的内容，通常要不断地复习，反复将知识输入到大脑中才能真正记住。长大成人之后，我却忘记了那些经历，甚至要求别人"听一遍就记住"，实在是强人所难。

如果无法一次传达到位，而你仍想表达出来，那么就必须"反复地表达"。

不过，不断重复同一件事十分麻烦。所以，请抽时间确认一下哪些信息传达到位了、哪些信息未能传达到位。

例如，在召开工作会议时，如果你担心对方没有准确地理解会议内容，那就当面与对方就会议内容进行确认。**利用会议的最后5分钟请对方概述当天会议的主要内容**。这样就可以了。

在确认会议内容的过程中，最重要的是**与那些不确定是否准确地理解了会议内容的人进行确认**。如果一个人没有理解会议内容，自然无法很好地在别人面前表达出来。通过这种确认，我们就能确定哪些信息传达到位了，以及哪些信息没有传达到位。

人的记性各有偏差

请问，你记得多少别人告诉过你的事呢？

我的记性很差，所以经常会忘事（因此我记了很多笔记）。

虽然人的记忆力和注意力存在差异，但**一般来说，人都很容易忘事**。甚至可以说，**很多人一开始就没听到**。

关于人的记忆，有一个著名的概念——艾宾浩斯遗忘曲线。

该曲线的统计对象是已经记住的信息。如果加上那些一开始就没记住的信息，那么大部分信息都属于"被遗忘的部分"。

人的记性就是如此不好。我们要认识到，**自己表达的信息极有可能会被对方遗忘**。

因此，在信息可能会被遗忘的前提下，最重要的是增加表达频率。

人如果记住了某件事，

20分钟后大约会忘记42%；

1小时后大约会忘记56%；

9小时后大约会忘记64%；

1天后大约会忘记66%；

2天后大约会忘记72%；

6天后大约会忘记75%；

1个月后大约会忘记79%。

艾宾浩斯遗忘曲线

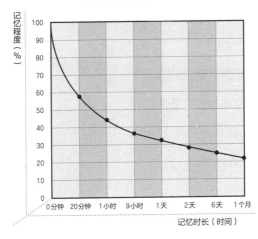

在思考时区分"表达的量"和"表达的质"

迄今为止，市面上有许多教授表达方式的书，其中有许多是畅销书。我认为这一现象意味着许多人都苦于不知如何表达，并且在表达方面有许多疑问。

其实，表达方式有很多方面，我将对其进行整理、总结。

首先要总结的是表达方式存在的两个问题——"表达不足"和"表达方式拙劣"。

● 表达不足：量的问题。

● 表达方式拙劣：质的问题。

我们要明确区分这两个问题，不能混为一谈。这样可以帮助我们更好地进行理解。

表达不足的问题在于表达频率（次数）不够。

正如我刚才提到的内容，大多数情况下，仅表达一次是无法将信息传达到位的。既会出现对方仅听一遍无法理解的情况，也会碰到对方不小心遗忘的情况。所以，我们往往要反复表达自己想表达的内容（在本书中，我也会多次重复自己认为非常重要的内容）。

我希望大家在向那些很容易忘事的人或者很难理解对方意思的人传达信息时，能够意识到"频率"这个问题，摒弃"我明明说了很多遍"这种想法。为了完成传达，尽可能地重复，这样的做法才是明智之举。

不过，我们需要注意，**提高表达频率可能会带来负面效果**。

如果在表达的过程中将负面情绪传递给对方，那么随着频率的增加，负面情绪就会越强烈。因此，认识到"表达技巧=质量"这一点十分重要。

例如，不管那些**不停吹嘘自己的人**有多少想跟别人炫耀的事，听众都会在其反复吹嘘后变得反感，最终产生消极反应。

此外，根据我的经验之谈，在学生时代，如果有一门非常无聊的课程，我就会越来越讨厌它。这是因为教授这门课程的老师表达方式质量较差。**另一方面，表达方式质量较好的老师教授的课程往往很有趣，因此我会越来越喜欢那门课程，也会越来越擅长。**所以，表达方式的质量十分重要。

难懂、过于抽象、无聊……这些都是表达方式质量较差带来的问题。

如果你努力地表达，对方却不明白你想说什么，那就太可惜了。

这并不完全是表达者单方面的责任，有时也要归因于接收信息的一方理解能力不够。

但是，即便归咎于对方，传达失败这个事实也不会发生改变。

如果你想表达，想让对方理解，那么在提高频率的同时，努力提高表达方式的质量也非常重要。

口才好不等于表达方式好

我曾经参加过一次讲座。那位演讲者的口才非常好，可他说的话并不能打动人心，每句话都从我的左耳进去，又从右耳出来。

据说那位演讲者是一位经验丰富的演讲高手，此前已经发表过数百次演讲，所以发言既通顺又流畅。可惜并不能让人听进去。

也就是说，口才好和传达到位其实是两码事。

传达指的是在对方心中留下印象和记忆。那位演讲者只是在罗列自己想说的话，因此无法将信息传达到位。

他似乎并未认识到这一点。也许是因为周围的人不断地夸赞他"口才好"，所以他可能没什么机会注意到这个问题。

如果人们听完演讲的评价是"有新的发现""很感动""学到了东西"之类的话，证明演讲者想表达的信息都传达到位了。但是，"口才真好"这种评价的含义有些不同。

作为编辑，采访也是我的工作之一。

在采访过程中，我注意到一个问题——不能让采访对象全程对答如流。因为大多数采访对象都会从自己说了很多遍、已经很熟悉的内容或者自己想说的话说起。但是，我并不会让我的采访就此结束。采访对象把这些话说完之后，我的采访才真正开始。

编辑在采访过程中的提问要能够"拓展"和"深化"主题。

不仅要让对方说出想说的话，更要引导其说出对听众来说有价值的信息。拓展和深化主题就是为了达到这个目的。

做到这些的话，采访过程中就会发生许多有趣的事。如果从采访对象那里听到"我从没想过自己会说这样的话，这次采访让我有了新发现，也帮我很好地整理了思路"之类的话，也就意味着采访进展非常顺利。

通过这种方式，能够引导采访对象找到脑海中潜在的信息和想法，并将其语言化。从中能够得到一些有趣的信息。

很多人都想拥有一副好口才，其实口才不好也无伤大雅（当然，想成为专业演讲者的人除外）。

"口才好"和"言可达意"是两码事。

掌握适合自己的传达技巧能让我们与他人的沟通更顺畅。

第2章

. . . .

"传达"包含7层结构

"传达"原来是这个意思!

首先，我想提一个问题。

问题
请用一句话概括"香蕉的魅力"（注意：只能用一句话）。

回答
酸味与甜味的平衡（仅为个人观点）。

我似乎一直在吃香蕉。如果从小时候算起，按每个月吃2根香蕉计算，那么1年就是24根，50年就是1200根。其中大约有1100根香蕉被我不经意地吃掉了。意识到这个问题，我想对香蕉说一句对不起。

但是，最近我意识到一件事——香蕉竟然如此美味！（读到这里，你可能会觉得我在胡说八道，请继续耐心地读下去，下面就会说到有关传达的内容。）

香蕉之所以好吃，就是因为它的酸味啊！这一重大发现对我来说极具冲击力。因为我一直认为香蕉的价值在于它的甜味。

可能有人会问："你怎么过了这么久才意识到这一点？"但事实就是如此。在过去的50年间，我完全没有意识到这一点。

买到一种特别的香蕉之后，我才注意到这一点。店家说这种香蕉是精心培育的品种，不怎么需要催熟，于是我买回来就吃了。我发现，虽然这种香蕉的酸味很重，但是这种酸味非常清爽，和没那么成熟的甜味搭配在一起十分美味。

这时我才意识到，香蕉的美味之处在于酸味与甜味的平衡，以及品质（仅为个人观点）。

我发现了构成香蕉美味的"结构"。

此后，为了避免催熟导致香蕉的酸味消失、甜味变浓，我会将香蕉放在冰箱中冷藏而不是常温保存，以此减缓催熟的速度，保留我喜欢的那种酸味。

"结构"是问题的关键。

了解事物的结构，我们能看清很多问题。**在学习掌握某件事时，首先要了解其结构，这样自然就能了解其整体和本质了。**

对表达方式来说也是如此。为了传达到位，以下3点尤为重要：

① **了解传达结构。**

② **学习传达技巧。**

③ **实践（行动）。**

我写过一本名为《在面包店卖饭团吧》的书，有幸获得了许多读者的喜爱。大多数读者的评价是"内容很容易读懂，也很容易读进去"。这种评价令我非常高兴，因为我的书给许多读者带来了快乐，而且我还把自己的想法成功地传达给了读者。

我在写书的时候经常用到"传达技巧"这个词，并尽可能地让读者能够更好地理解和接受我所写的内容。

此外，我还特别**注重联想读者阅读时的思维状态**，具体有以下几个重点：

- 多用打比方的手法，使理论更容易理解。
- 例举恋爱、点菜等容易遇到问题的事例。
- 通过书本，与读者开展一场"接投游戏"。
- 积极运用停顿。

在写书的时候，我时刻关注传达结构，并运用传达技巧。

那么，传达结构究竟是怎样的？

我理解的传达结构一共有7层。

传达结构第1层　设定目标

首先，为了成功传达，我们需要设定目标，也就是弄清自己的目的。

即便闲聊也是有目的的，可能是为了"破冰"，也可能是为了"和对方搞好关系"，有时甚至只是因为想聊天。

总之，设定目标很重要。

传达的7层结构

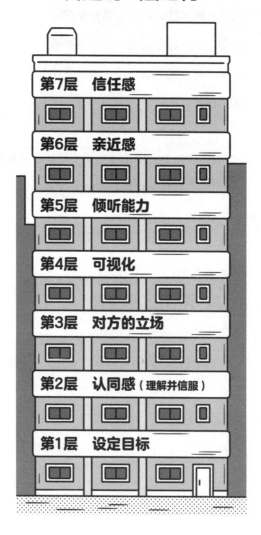

第7层　信任感

第6层　亲近感

第5层　倾听能力

第4层　可视化

第3层　对方的立场

第2层　认同感（理解并信服）

第1层　设定目标

传达结构第2层　认同感（理解并信服）

其次就是认同感。有了认同感，才能成功传达。认同感意味着对方能够理解并信服。

所以，**为了达到目的，我们必须获得对方的认同。**

如果对方处于一种"我不理解你在说什么"的状态，那么认同感就无从说起；如果对方处于一种"虽然我理解你在说什么，但还是感觉很难"的状态，那么我们至少获得了对方的认同。

总之，如果没有获得对方的认同，信息绝对不可能传达到位。

传达结构第3层　对方的立场

其实，传达本身并不意味着向对方说出"自己想表达的内容"。很多人虽然懂得这个道理，但在付诸行动时可能还是会"一股脑儿地说出自己想表达的话"。

"表达（说）等于传达"这种思维方式其实是不对的。

下面是上司和下属的一段对话，你是否遇到过类似的情形呢？

上司："你将这件事好好传达给对方了吗？"

下属："我说了，但对方跟我说听不懂。"

上司："那不就是没有传达到位吗？"

下属："但我说了啊！"

生活中经常会出现"'我说了'等于'我传达了'"这种误解。**如果对方没有理解却接受了我们所说的内容，就不算传达到位，那仅仅是表达了而已。**

那么，为什么会产生这样的误解呢？

以上面的对话为例，这位下属以"自己的立场"为基准思考问题，并没有考虑对方，所以对他来说，"表达"等于"自己说了"。但是，在这种情况下，最重要的并不是表达，而是将信息有效地传达给对方。

传达＝对方理解、接受且认同。

这样才是站在对方的立场上考虑问题。

如果自己想表达的内容未能传达到位，那些总是站在自己的立场上看待问题的人有时还会怪罪对方。你身边是否有那种经常抱怨"我明明跟那个人说了好几遍""是那个人有问题"的人呢？其实，他们是不擅长表达的人。

与这类人相反，懂得站在对方的立场上思考问题的人会试着改变自己的表达方式或者尝试其他方式，努力地将信息传达给对方。

站在对方的立场上思考，这是需要重点注意的部分。

> 传达结构第4层 **可视化**

我在前文中解释过，传达指的是"获得认同"。为了获得认同，**让自己的想法在对方的大脑中"可视化"是很重要的。**

我曾经遇到过一件事。那时候，我家附近有许多农田，一些农民会在田边或者自家门前售卖收获的蔬菜。我在散步的时候路过顺便看了看，发现一个农民正在卖芋头，旁边的招牌上写着"大和芋"。我询问跟我一起散步的妻子："这是山芋吗？味道如何？"妻子说她也不知道。见状，卖芋头的农民走过来向我们解释道："大和芋是山芋的一种，吃起来口感很黏，有点像薯蓣。捣碎后用海苔卷着吃很美味。"

听了这番解释，我和妻子的**脑海中都浮现出自己坐在餐桌前享用美味的大和芋的场景。**最后，我们自然买了一些大和芋回家，吃了一顿美味的晚饭。

这件事其实也包含了一些关于传达结构和传达技巧的运用。

● 对方似乎并不了解大和芋。
● 用对方应该知道的东西来打比方就能解释清楚。
  有点像薯蓣 → 传达技巧。
● 介绍食用方法，让对方产生想吃的念头。
● 介绍"用海苔卷着吃"这种容易联想的食用方
  法 → 可视化。

那位农民的描述让我和妻子的脑海中都浮现出大和芋摆在桌子上的场景。这就是所谓的可视化。

反之，**如果对方的脑海中很难浮现出这样的场景，那么传达就很有可能会失败。**

那些经常被夸奖"说话简单易懂"的人，其实正是"可视化高手"。

曾经有一位非常喜欢单口相声的人告诉我："好的单口相声

能让听众**闻言如观景**。"我想，说话简单易懂的人描述的景色应该也能浮现在听众眼前吧。

下面再举一个例子。电视里的那些美食栏目记者的区别是什么？

"这道咖喱特别好吃！"仅凭这句话，观众无法理解这道咖喱的魅力。这道咖喱的美味之处具体体现在哪里？它和其他咖喱有什么不同？如果没有具体说明，观众很难想象咖喱的美味。

优秀的美食栏目记者的实力恰好体现在这些方面。也就是说，**他们能让咖喱的美味可视化。**

可视化的重点技巧是在表达过程中利用五感。

- 视觉：外观。形状、体积、颜色等。
- 味觉：口味。鲜味、浓郁、甜味、咸味、苦味、酸味等。
- 嗅觉：气味。芳香、甜香等。
- 听觉：声音。烤肉的声音、烹煮时咕嘟咕嘟的声音等。
- 触觉：口感。入口即化、有嚼劲、酥脆等。

将这些要素和情感结合并表达出来的话，听到描述的人也能感受到**咖喱的美味**。让自己的想法在对方的大脑中实现可视化指的就是这个过程。

传达结构第5层　**倾听能力**

我有一个做销售的朋友，销售业绩非常出色。我问他为什么做得那么好，他的回答是这样的："销售的工作**并不是'销售自己公司的产品'，而是'介绍对方需要的产品'**。所以，我不会一味地推销产品，而是<u>先仔细听对方讲述</u>，**然后找出自己公司的产品的哪些特点符合对方的需求**。如果找出了符合对方需求的特点，就告诉客户；如果没有找到，我也会对客户如实相告。"

听完这番话，我恍然大悟。

的确，我们一般都不太喜欢推销这种行为。例如，有时走进服装店只是想随便看看，结果店员一会儿推荐这件，一会儿推荐那件，让人十分厌烦。

但在某些情况下，我们也会情不自禁地感叹"这个推销员实在太厉害了"。

我曾经去过一家服装店，当时店员问我："您背的包和今天穿的衣服好搭啊。请问它是什么牌子的呢？"不知不觉间，我也打开了话匣子。那位店员从头到尾没有说过一句向我推销衣服的话，但我最后还是在那家店里买了衣服。

我认为这是因为店员的倾听行为触发了"**回报性原则**"，也让我产生了**亲近感**。

回报性原则是指人们受到恩惠后会想报答对方。具体来说，如果只接受他人的恩惠而自己什么都不做，会感觉很不舒服，因此很想报答对方。

许多商业类书籍中有这样一句话："**得到之前先付出吧！**"这句话其实也符合回报性原则。

虽然在上述情况中，我其实并没有受到店员多大的恩惠，但是心中情不自禁地产生了一股感激之情，想感谢店员的关心和倾听。仅凭这样一个理由，我就想在那家店里买衣服。

传达结构第6层　亲近感

亲近感也是决定能否传达到位的重要因素。亲近感的反义词是厌恶感，用这种方式来理解可能更加易懂。

请在脑海中联想一下那个你讨厌的人。

我们基本上听不进去自己讨厌的人所说的话，就算那个人没说错，我们还是会想找到漏洞并一一击破，内心也不愿意认同那个人的观点。

反之，如果对方让你产生了亲近感，你的身体和大脑就会进入"接受对方"模式。此时，就算对方的观点有问题，我们也会情不自禁地表示赞同。

这种现象表明，亲近感左右着人们的判断。

接下来，我想谈一谈培养亲近感的方式。

培养亲近感的技巧

技巧1　找到共同点。

技巧2　对对方表现出兴趣。

技巧3　暴露自己的不足。

技巧4　笑容。

谈到表达方式，人们往往会有意识地去研究"如何说话"或"如何表达"这类关于输出信息的问题。其实，倾听能力和亲近感也是成功传达的重要因素。

请回忆一下，那些你感觉很开心的瞬间不正是自己说得起劲，并且对方也听得入神的时刻吗？

事实的确如此。所以，**我们首先要倾听对方所说的话，拉近距离，培养亲近感。这样一来，对方也会愿意听你说话。**

传达结构第7层　**信任感**

一位著名的企业经营者曾经说过这样一句话："**无数次的失败会带来成功。**"

听了这句话，你有什么样的感想呢？难道不觉得这句话既富有深意又很有启发性吗？看到这句话的瞬间，我就情不自禁地想记下来。

但是，如果说出这句话的是你身边那些总是失败的人，你会怎么想？

"现在经历的这些失败将来一定会带我走向成功。"

如果听到那些经常失败的人说这种话，你的第一想法会不会是"这个人在胡说八道些什么"。

但是，如果将两个人所说的话进行比较，其实两句话的内容几乎相同。区别在于我们对说出这两句话的两个人的**"信任感"**。

在传达的过程中，信任感十分重要。

那么，我们该如何赢得信任呢？首先，我们必须考虑信任感的结构。

信任感的结构是什么样的呢？

我认为信任感由以下7个要素构成。

自我角度：①诚实、坦率；②技巧、能力；③结果、成就；④接触频率；⑤有修养。

对方角度：⑥兴趣；⑦意义、价值、动机。

不同的人对此可能有不同的看法，但在我看来，正是这7个要素构成了信任感。

如果我们能在实际行动中意识到这些要素，就能赢得对方的信任。

不过，并非所有要素都必须存在，即便缺少了某个要素，只要其他要素的作用强大，就能让对方产生信任感。

第二步是与对方建立关系。如果对方觉得"这个人说的话应该可以信任", 那么传达到位的可能性就会极大地增加。

下面要说的内容类似于"先有鸡还是先有蛋"这个问题。我会为大家介绍**能够赢得信任的表达方式**。

构成信任感的7个要素会通过我们的表达不断地强化。

诚实、**坦率**指的是要耐心且认真地对待对方，如实地表达自己的想法，同时要认真倾听对方所说的话。如果不能有效地表达自己创造的成果和价值，那么我们的**技巧**、**能力**和**结果**、**成就**以及**意义**、**价值**、**动机**可能都不会被对方注意到。因此，我们要通过有效的传达方法来表达自己。**接触频率**指的是增加表达频率，通过这个方法可能也会赢得对方的信任。**有修养**指的是抓住恰当的机会表达自己的观点，争取赢得对方的信任，而不是一直强势地逼迫别人接受自己的观点。**兴趣**是指将"我对你有兴趣"这种想法传递给对方，这样一来，对方可能也会对你产生兴趣。

在下一章中，我将介绍16种传达技巧。其中既有适用于日常对话或商务往来的谈话技巧，也有能在构思广告语或文章时发挥作用的窍门。请从你感兴趣的部分开始阅读，并以自己的方式运用吧！

改变目的，闲聊就会变得有趣

应该有很多人不擅长闲聊，其实我也不擅长。我们经常会遇到那种不知道该说什么的场合，特别是两个人单独在电梯里的时候，总是会有些尴尬。

在会议开始之前，闲聊可以帮助我们"破冰"，缓解紧张感。为此，我们有时甚至会强行与对方"尬聊"。我以前经常有"必须缓解紧张感"之类的想法，勉强自己与他人闲聊。

我会提前准备一些不痛不痒的话题，例如"您今天是怎么过来的"，但即便如此，我对闲聊的畏惧之心仍然没有减少分毫。

这究竟是为什么呢？

思索了一番，我意识到一个问题——"必须缓解紧张感"这种心理让我觉得闲聊很难。

具体来说，"缓解紧张感"最终是为了实现某种目的，例如"顺利推进今天的会议"或"想让谈判成功"等。也就是说，闲聊的目的本身就是为了让会议或者谈判进行得更加顺利，闲聊是实现目的的手段之一。

由此，我注意到之所以需要"缓解紧张感"，是因为自己太紧张了或者事情进展得不顺利。

于是，我重新对闲聊的目的进行了思考。

目前，我得出的结论是，闲聊并不是为了"缓解紧张感"，而是为了"和对方相处融洽"。于是，我试着改变自己闲聊的目的。

有句话叫作"一期一会"。如果能够与他人分享彼此人生中的一段时光，不管是工作还是其他事项，我都愿意和对方融洽相处，也愿意增进彼此之间的了解。

这样一来，会发生怎样的改变呢？

曾经对我来说十分痛苦的闲聊现在并不是什么大不了的事了。更准确地说，闲聊时光变得十分有趣。

· 必须让对方说出肯定的回答。

· 必须提出有利的条件。

· 必须顺利进行。

在工作中，上述因素当然很重要。但正因如此，我们难道不

应该首先和对方建立良好的关系吗?

通过改变闲聊的目的,不仅让我的心情变得更加轻松,而且消除了我对闲聊的畏惧感。

不过,我必须提醒大家注意一个问题——这样一来,闲聊的时间可能会变长。我们可能会在不知不觉间因为与对方聊得过于投入而耽误进入正题的时间,必须多加注意。

另外,对于那些无法立即做出改变并喜欢上闲聊的人,我的建议是可以多准备几个"属于自己的闲聊话题"。

例如,与第一次见面的人可以聊"地点"这个话题,询问对方住在哪里、在哪里工作或最近去了哪里等。从这些关于地点的提问出发,话题也极有可能会继续展开。而面对那些不怎么熟悉的同事时,可以聊聊最近的工作。用这样的模式思考,我们就不需要苦恼"究竟该说什么"了。

第3章

传达技巧并不是
表达技巧

传达技巧① 比较法则

 不比较的话，人们很难发现某件事物的魅力

　　我去过一家烤肉店，那家店的菜单里有一道牛肉拼盘，包括肋骨、里脊、臀尖、牛腹肉、翼板肉、后腿股肉等。虽然每个部位都非常美味，但是通过拼盘的形式品尝并比较，我了解了每个部位的不同之处——有些肉的脂肪恰到好处、十分美味，有些肉吃到口中便令人回味无穷。不同部位的肉的味道和口感都大不相同。如果只点一种肉，肯定吃不出这些门道。各个部位的魅力都是通过边吃边比较而更加突出的。

　　也就是说，**通过比较，能突出事物的魅力和价值，让我们发现各种事物的不同之处，同时让事物的魅力变得更加鲜明。**

　　排行榜、偏差值都是用来比较的手段。在超市里购物时，我们倾向于购买那些带有"畅销"字样的商品，这也是比较行为带来的结果。

其实，我们在日常生活中往往会无意识地进行比较，例如"这次的企划案比上次的好""比去年增长了120%"之类的话。

此外，比较会培养我们看问题的眼光。日本著名的广播作家（从事广播电视节目策划、撰稿工作的人）、作词家永六辅在许多领域都十分活跃，他曾经在出演的广播节目中说过这样一句话："如果知道某种事物的最佳状态和最差状态分别是什么样的，就能在处于中间状态时判断出现在的程度如何。"（出自《一流人士的卓越思维教你如何跨越障碍》）

坦白"缺陷"

我在前言里提到一家很诚实的果蔬店，同时提到**一种涉及比较的观点——将缺点表达出来，优点会更突出。**

某次我去一家寿司店用餐时，老板极力推荐我尝尝他们店里的深海鱼。他说：**"虽然这道菜的卖相看起来不怎么样，但是味道真的很棒。"**

听了老板的话，我便尝了一口，确实非常美味！

与其告诉客人"这道菜很好吃"，不如直接告诉客人菜品的缺点，反而能够突出其美味之处。

最近，浪费粮食在日本成了一个亟待解决的社会问题。于是，越来越多的商家将那些不好看的食品摆放在货架上销售，而非丢弃。例如无印良品售卖的"不规则年轮蛋糕"、格力高售卖的"不规则草莓味大甜筒"等。这些将商品的缺陷大胆展示给顾客的做法有助于解决浪费粮食这一社会问题。

这种"比较"方法简单易用，是我经常使用的一种编辑技巧。

传达技巧② "意料之中与意料之外"法则

无趣也许是由于缺乏 "意料之外"

在搞笑艺人的段子中，"意料之中"和"意料之外"是再常见不过的技巧。

"意料之中"指的是让对方认为"接下来应该会这样发展吧"，而"意料之外"指的是准备一个与对方的预测完全相反的结局，使对方感到惊讶。

在表达方式中，这种"意料之中与意料之外"法则也十分重要。

不过，需要注意的是，在表达中运用这一技巧和搞笑艺人说段子时使用的技巧略有不同——在表达中使用它的主要目的是"增加变化幅度，突出价值"。

听到这句话，你的脑海里首先会产生怎样的想法呢？也许你会发出感叹。

那么，如果对方在叙述时使用"意料之外"技巧，效果会如何呢？

我家孩子高三之前成绩还很差，偏差值也只有35！

读高三后开始努力，没上过补习班就考上了东京大学！

如果听到这番话，想必大家都会很震撼吧。是不是会想："这孩子究竟是怎么学习的，为什么能在这么短的时间内大幅提高成绩？"一下子就让我们产生了好奇心。

其实，这番话就运用了"意料之中与意料之外"法则。正因如此，这个话题才会如此有吸引力。

● 意料之中：高三之前成绩还很差；

  偏差值只有35；

  没上过补习班。

● 意料之外：考上了东京大学。

前半部分的铺垫能否使对方产生预测会极大地影响传达效果。

前面提到的电影《垫底辣妹》也巧妙地运用了"意料之中与意料之外"法则。这部电影十分受欢迎，其原著小说也十分畅销。

在这部电影中，正是因为前面有"成绩垫底的学生花一年时间将偏差值提高了40"这个"意料之中"的铺垫，"考上庆应义塾大学"这个"意料之外"才产生了戏剧性效果。

如果这个故事的内容变成"高中学习成绩一直非常优异的优等生考上了庆应义塾大学"，想必根本不会产生这种效果。

在从"意料之中"到"意料之外"的过程中，如果加入**偶然、惊讶、新鲜、憧憬这类感情，就能吸引对方的兴趣和关注**。

这就是增加变化幅度。

再举一个例子。一些减肥产品经常会这样打广告：体重80公斤的人用了这款产品便成功减了20公斤！

这就是人们常说的"**前后对比**"。其实，这也属于"意料之中与意料之外"法则。因为如果只呈现减肥后的效果，人们无法体会到该产品的功效，而有了减肥前与减肥后的对比，其惊人的效果就能很好地传达给消费者。

你注意到了吗？其实本章的标题也使用了"意料之中与意料之外"法则。

如果只有"传达技巧"这4个简单的字，也许只会将"传达技巧确实很重要"这种平淡无奇的感受传达给读者。但是，给"表达技巧"加上删除线——提供"意料之中"这个前提——效果会如何呢？读者也许会想："我本来以为自己掌握了'传达技巧'，原来我只是在表达啊。"通过设置"意料之中"这个前提，能使"意料之外"的标题更加深入人心，也更具有魅力。因此，我采用了这种标题形式。

如何设置"意料之中"和"意料之外"?

那么，这种"意料之中"与"意料之外"应该如何设置呢?

我推荐大家用"减法"和"加法"这两种不同的方法。

前面提到的电影《垫底辣妹》和减肥广告都符合前者——减法，即根据现状设置一个"完全不同的过去"作为"意料之中"。

此外，本章的标题同样采用了"减法"，通过用表示否定的删除线来引导读者产生"意料之中"，以此来提高后文"意料之外"的价值。

至于采用"加法"的情况，下面以"美味的鳗鱼"为例进行说明。

缺少"意料之中"的状态
产自鹿儿岛的美味鳗鱼。

为了让鳗鱼更有吸引力，我为这句广告语加入了"意料之中"。

意料之中①

用炭火烤制的美味鳗鱼。

　　→ "用炭火烤制"起到了"意料之中"的作用。

意料之中②

配上开店50年传承下来的秘方酱汁，使用烧炭大师精心制作的备长炭烤制而成的鹿儿岛美味鳗鱼。

　　→ 这句话中存在4处"意料之中"，分别是"开店50年传承下来的""秘方酱汁""烧炭大师精心制作的"和"用备长炭烤制而成的"。

怎么样？看到这句广告语的话，你是不是也很想尝尝这家店的鳗鱼呢？

通过不断地设置"意料之中"，鳗鱼的魅力也得到了提升。提前加入这些"意料之中"，会提高后面的"意料之外"（结论）

的价值。这就是使用"加法"的"意料之中"和"意料之外"。

在日常对话中，我们也可以像下面这样使用"意料之外"。

"我一直很想要这双运动鞋，**到处都卖光了，逛了十几家店总算买到了。这双鞋真是太火了。**"

上面这句话中画波浪线的部分就是所谓的"意料之中"。

比起简单地说一句"我一直很想要这双运动鞋"，加入这些"意料之中"能够放大这双运动鞋的魅力并传达给对方。

在工作中也可以使用这种方法。

"现在将资料提交给您。**我花了很多时间，不断尝试，一共用了10个小时才整理完。**"

这句话给人的感受如何呢？

仅凭一句"现在将资料提交给您"无法将自己的努力传达给对方。但是，一旦加入后面那句话，效果就会有很大的不同。接收资料的人听说你用了10个小时来整理资料，自然不会随意对待这份资料，而是会产生想仔细阅读的兴趣。

巧妙地运用"意料之中与意料之外"法则还能展现事情的发展过程。逛了十几家店仍然想买的那双运动鞋，反复尝试并且最终花了10个小时才整理完的资料……这些都是通过向对方展现过程从而提升结果价值的例子。

让人想说出肯定回答的邀请方式

在邀请别人赴约的时候，"意料之中与意料之外"法则也十分有效。

缺乏"意料之中"的邀请方式

我知道一家口碑很好的西餐厅，下次要不要一起去？

加入"意料之中"的邀请方式

"最近你去哪家餐厅吃西餐啊？……哇，听起来不错嘛！我就知道你肯定有好餐厅可以推荐！我也知道一家店，和你说的那家差不多，口碑也很好。你愿意的话，下次我们一起去吧？"

上面这段话中画波浪线的部分就属于"意料之中"。

这种提问方式使"西餐"成为共同话题，对方就会自然地将自己代入话题中。这时如果邀请对方去一家口碑很好的餐厅，对方会更容易说出肯定的回答（当然，肯定也会有被拒绝的时候……）。

需要注意的是，突如其来的邀约很容易被对方拒绝。因此，我们发出的邀请不能太突兀。

很多名言中也有这种"意料之中与意料之外"法则。

如果高杉晋作的名言"让这无趣的世界变得有趣吧"缺乏"意料之中"，就会变成"让世界变得有趣吧"。

如果只是这样的一句话，那它可能并不会成为一句名言并流传至今。"这无趣的世界"这一"意料之中"充分发挥了作用。

所以，如果缺少"意料之中"，对方就很难理解"意料之外"的魅力与价值。

传达技巧③　事实与情感法则

以吉野家的广告语"好吃、实惠、快捷"为例

在思考有关表达的问题时，我们经常会忽略一点——表达分为以下两个方面：一是表达事实；二是表达情感。

人们经常会把这两个方面混为一谈。

例如，关于在商务邮件中是否需要说"您辛苦了"这句话，人们时不时就会展开各种讨论。

有人认为不需要，因为这是业务上的往来，必须尽可能地进行高效沟通，减少不必要的寒暄能够有效地提高工作效率。

关于这个问题的讨论恰恰证明了我们需要区分"表达事实"和"表达情感"。

的确，如果只想将事实表达清楚，那么"您辛苦了"之类的寒暄其实就是废话。但是，从表达情感的角度来看，"您辛苦了"这句话体现出我们为对方着想的态度。所以，那些想更多地表达

情感的人可以在邮件中写这句话，而那些觉得表达情感没必要的人就不需要写。这样区分一下，问题就变得十分简单。

那么，下面这种情况又该如何处理呢？

这是生气的上司在责备犯错的下属时所说的一番话。

上司之所以这么生气，是为了让下属不要再犯同样的错误。但是，他的这种想法是否真的传达给下属了呢？

"你为什么没有好好汇报情况？"是一句表达事实的提问，而"都怪你，现在问题变得更加严重了！"这句话既表达了事实又掺杂了情感。

从下属的角度来看，上司的这番话中表达情感的部分过于强烈，以至于让他无法注意到事实部分。最后，下属可能会觉得"只不过是被上司臭骂了一顿""这家伙就是仗着职务比我高想要威风吧"。如此一来，下属对待上司的态度甚至会变得冷漠起来。

明明上司想表达的是事实，下属却只接收了表达情感的那一部分，两者的对话完全不在同一频道上，这样一来，不管上司有多想表达自己的想法，都无法将内容传达给对方。

所以，请分开考虑"表达事实"和"表达情感"。

下面我想再举一个例子。

一位妻子对她的丈夫诉说今天发生的事。

听完这番话，丈夫给出了下面的回应。

"那真是太过分了。不过，发生这种问题主要是因为你们之间的沟通不到位。"

"今后多和同事们交流如何？"

结果，丈夫的这番话完全没有被他的妻子接受。

这是因为丈夫并没有意识到表达包含事实和情感2个方面，必须分开考虑。

妻子想表达的是"情感"这个部分，目的是能和丈夫产生共鸣，但丈夫是针对"事实"这个部分进行回答的。

看完这个例子，你有什么样的感想？

是不是很多人都有类似的经历？其实，我也因为无法区分事实和情感而多次经历类似的事。

据说人类社会如今的繁荣得益于语言的存在。不过，语言有时也会带来很多麻烦。

人与人之间的沟通经常伴随着情感表达。说话内容和人格一体化这种倾向在人们的对话中更为显著。

不擅长辩论、讨论容易变成争吵……出现这些问题都会导致人与人之间无法展开有效沟通。

　　所以，**我们要在表达时注意区分事实与情感**。如果能做到这一点，我们的传达能力就能得到提高。

结合事实与情感进行表达

在表达时将事实和情感巧妙地组合起来也能提升信息传达的效果。这就是事实与情感法则。

例如，吉野家那句著名的广告语"好吃、实惠、快捷"就运用了这个法则。

- 好吃：情感。

- 实惠、快捷：事实。

日本宜得利家居的广告语是"哇，物超所值"。我认为这是一句兼顾事实与情感的优秀广告语，通过"哇"这个感叹词强调了想表达的东西，例如物美价廉、十分实惠。

很多广告语会运用事实与情感法则。例如，日本休闲食品品牌卡乐比推出的"河童虾条"的广告语是"停不住手，停不住嘴"。

- 停不住手：情感。

- 停不住嘴：事实。

这句有名的广告语从情感和事实这两个方面将商品信息传达给顾客。

以速食闻名的日本食品品牌日清推出的鸡肉拉面的广告语是"即刻美味、极致美味"，同样由事实和情感两个方面组合而成。

事实与情感法则还可以运用到日常对话和文章中。

例如，跟朋友一起在KTV唱歌时，如果朋友想让你做出评价，你可以这样说："你的音真高啊（事实），发声也很好（事实），贴合旋律的歌声十分打动人心（情感），唱得真是太好了（情感）！"

如果一个人在称赞对方时考虑到事实和情感两方面，听了这种称赞的人一定会非常开心。在餐桌上称赞另一半的厨艺时，可以这样表达："很入味（事实），非常好吃（情感）！"

另外，编辑也经常会在工作时用到这种表达方法，例如：

理论（数据）+情感。

功能优势+共鸣。

表达功能+表达情感。

"据说人类每天会思考6万次。除去睡眠时间，基本上1秒思考1次。<u>太厉害了吧！</u>"这段话出自我写的《在面包店卖饭团吧》一书。它首先介绍了理论（数据），然后在结尾加上了一句表达情感的"太厉害了吧"。

即便没有"太厉害了吧"这句话，整段话想表达的意思仍然十分明确。但是，我想让读者体会到"我希望大家都能知道这一点"这种迫切的心情，就加上了这句表达情感的话。我希望这样能够加深读者对这段文字的印象。

此外，书中还有其他类似的段落："据调查，人类大脑倾向于根据自我喜好来观察和评判事物。也就是说，在面对讨厌的人或与自己性格不合的人时，我们极有可能只会看到自己讨厌或者与自己不合的部分。**有没有被我说中呢？请在脑海中想一想那个与你不合的人或者你讨厌的人有什么优点，你能想出几个呢？**"

在上面这段话中，我首先介绍了人脑的功能，接着为了引发读者共鸣（让他们将自我代入话题中）而进行提问，这个步骤的目的是使读者对我想表达的内容产生认同。

通过这种组合式表达方法，我想让我的文字被更多人理解、接受。

传达技巧④ "脑内调谐"法则

想要彼此心意相通?
试试"脑内调谐"吧!

我们"嘴上说的"和"心里想的"经常会不一致。

嘴上说的是——

下属:"工作真的太累了!"

上司:"这样才能帮助你成长,加油吧。"

心里想的却是——

下属:"我是因为太忙了才会这么说啊……"

上司:"才让你干了这么点活就开始抱怨了,还是不够成熟啊……"

这种情况对双方来说都不是一件好事。当然,由于每个人的价值观和珍视的事物不一样,所以思维方式必然也不会完全相同。

不过,**我们可以改善这种沟通中出现的不一致**,方法就是进行"脑内调谐"。

脑内调谐是指和对方分享脑海里设定的目标和联想的画面，重点是以下3点：

① 与对方共享目标。

② 通过提问"调谐"。

③ 让双方脑海里的想法"可视化"。

进行脑内调谐时，我们首先需要注意**与对方共享目标**。如果对话双方在未能共享目标的状态下交流，那么不管费多大力气都无法实现"传达到位"和"相互理解"。

其次需要注意的是提问。就像给乐器调音时会一边弹奏一边调节一样，沟通中的调谐也要通过不断提问进行，目的就是为了**找到"对方大脑中浮现的画面"。**

一位理发师曾经告诉我，他们在工作时必须牢记一点——客人想要的效果和他们想的不同。

例如，即使顾客提出的要求是"帮我剪短3厘米左右"，理发师在开始理发前也要再考虑一下。这是因为每个人的发质和脖子长度都不同，很多人可能不了解自己的特点。在这种情况下，理发师需要与顾客确认彼此联想的画面是否一致。这就是所谓的脑内调谐。

理发师可以向顾客展示杂志里的发型，或者直接告诉顾客某种发型具有什么样的特点，然后在提问中让顾客想要的形象可视化。总之，可以利用各种方法来实现脑内调谐。很多理发师经验十分丰富，他们会告诉顾客一些失败的例子，从而互相调整彼此脑内的画面，尽可能地达成一致。

如果仅靠语言很难将信息传达给对方，那么也可以使用图画或照片等视觉上的方式来进行脑内调谐。

现在再看第64页提到的关于"工作很累"的例子，在这种情形下，上司和下属之间该如何进行调谐呢？

首先，产生问题的根本原因是两个人的价值观存在差异。其次，两个人的立场不同也是原因之一。所以，上司和下属的想法很难完全一致。但是，他们彼此应该都能理解对方究竟为什么会产生这种想法。

作为上司，内心肯定希望下属能快点成长，早日独当一面。为了成长，下属需要付出更多努力，超越自我。所以，在这种情况下，上司肯定希望下属能够克服眼前的困难。

而作为下属，因为工作太忙了，仅仅是完成眼前的任务就已经十分吃力了，甚至会累得根本没空思考成长这个问题。下属肯定也想成长，但首先需要上司调整下属的工作量，帮助下属提升工作效率。

如果双方进行脑内调谐，会如下所示：

● 两个人对"成长"有相同的想法。

● 上司希望通过努力解决问题，下属希望上司能够调整他的工作量。

上司和下属只要共享这些信息即可。

通过互相提问发现哪些方面需要努力、哪些方面需要调整，这样一来，一定能够找到解决问题的方法。

如果两个人在相处时一直处于"大脑未调谐"状态，那么内心始终会对对方抱有成见，相处时做任何事都是浪费时间。积极进行脑内调谐会带来很好的效果。

另外，提问时需要注意以下几点：

- 不要追问对方。

- 不要要求对方从2个答案中选1个。

- 不要引导对方说出与自己一致的观点。

- 一边倾听对方的意见，一边提问。

- 提问时向对方表示出兴趣。

建议大家在进行脑内调谐时用**白板或者笔记本进行辅助**。这些工具可以使彼此脑内的信息"可视化"，方便共享目标。

另外，我希望大家注意在没有辅助工具时意外开始交谈的情况。因为这样可能会导致很难看到对方大脑里的想法，脑内调谐的过程也可能会遇到阻碍。最后，不仅会导致沟通不畅，甚至可能会激发矛盾。所以，我建议大家尽可能地一边将信息可视化，一边进行调节。

传达技巧⑤ "换句话说"法则

 ## 换句话说，将消极信息变为积极信息

"年龄增长并非老化，而是进化。"这是某位著名女演员在接受采访时说过的一句话（我并没有准确地记下来，但她说的大概是这个意思）。

听了这句话，我对年龄增长这件事的不安转变为期待。此后，每当我觉得自己在变老时都会转念一想，觉得自己进化了。而且，以前我总想让自己显得年轻一些，但最近，我能大大方方地说出自己的真实年龄了。

还有许多类似的话帮助我渡过了人生中的难关，激励我前行。

语言的力量真是太强大了。即便是那些乍一看没什么区别的内容，**如果遣词造句的方法不同，传达效果也完全不一样。**

既然如此，我们还是尽量向他人传达一些积极的信息吧，这样的内容不管对自己还是对他人都有积极的效果，具有激励作用，还能减少人心中的厌恶情绪。学会"换句话说"，就能实现上述效果。

"换句话说"指的是人们在想要转换或者改变表达内容时采取的方法，这个方法往往能使我们的生活更加快乐。例如，遇到下雨天，你觉得心情很糟糕，可以换个说法："雨天就像大自然开了天然加湿器，对皮肤很好。"这样一来，下雨就变成一件对自己很有帮助的事。我还会把**"无聊"**说成**"不够用功"**。这样一来，就算需要参加一些不感兴趣的会议，我也会觉得自己还不够用功，从而努力让参加会议变成一件对自己有益的事。

语言的力量十分强大。所以，请尽可能地将那些消极的说法转换为积极的内容，这样既可以调整我们自身的心态，也会成为我们改变自身行动的契机。

"换句话说"也可以在表达一些对方很难接受或者不加修饰听起来会十分刺耳的内容时使用。

是不是很多人曾经因为觉得自己"话说得太重了"而后悔呢？我也一样。由于头脑发热、情绪激动，一不小心就表达得过于直白、激烈，我也曾多次反省自己。

举个例子，那些**"极端表达"**就非常适合"换个说法"。

这类表达往往会用在表示否定的情况下，前面使用"总是""全部""一点也"等程度词，使否定情感变得更加强烈。例如："为什么你**总是**迟到呢？"或者"你**究竟**要我说几遍才能听懂啊？！"

这些都是极端的表达方式。

在这样的情况下，比起使用"总是""究竟"这类词，我们可以换一种说法："你为什么迟到了？"或者"我希望你能明白，我已经说了很多遍了。"

"换句话说"在这种情况下居然也有用!

在下面的情况中,我们也可以尝试"换句话说"。

A:"哎呀,我究竟为什么会失败呢……"

B:"失败能够带来许多新发现和新学问,**把失败说成'发现问题'怎么样?**然后考虑今后该如何改善,这样不就可以了吗?"

将"失败"换为"发现问题"。

与其无休止地懊悔,不如将失败作为未来发展的基石。"换句话说",能够帮助我们进一步成长。

改变语言,能够改变思维。

改变思维,能够改变行动。

改变行动,能够改变未来。

而"换句话说"正是所有改变的第一步。

"换句话说"也可以用到我们自己身上。通过"换句话说",我们可以提高积极性、重新挖掘价值等。例如,当我和那些从事管理工作的领导者谈话时,他们经常会抱怨:"工作经常出错的下属很麻烦。"或者"有些下属一转眼就会把必须要完成的工作忘了。"

之所以会产生这些不满，难道不是因为他们在思考问题时是从"管理等于成效"这个前提出发的吗？但是，在一个公司里，肯定既有能干的员工，又有笨手笨脚的员工。所以，**不如将花费在那些笨手笨脚的员工身上的管理成本说成"长期投资"，而不是单纯着眼于"成效"**。这样一来，虽然这项投资可能不会立刻带来成效，但是未来必将开花结果。像这样换个说法，不仅能够改变人的思维方式，还能减少管理层的压力。

其实我也经常用到这个方法。

在感到不安时，我会在心中默念"这不是不安，而是修行"，从而弱化心中的不安情绪；在失败或者犯错时，我会像前面说的那样，将自己的失败定义为发现问题的过程，这样一来，我反而通过失败获得了解决问题的关键灵感，也减轻了失败带来的压力。在这种状态下，比起失败或失误，我会更加注重如何才能解决问题。从结果上来看，我确实成长了。

这种方法在营销方面也非常适用。例如，有些商家会把那些品相不太好的蔬菜称为**"有故事的蔬菜"**；日本食品厂商湖池屋将用大豆蛋白合成的炸鸡块称为**"无罪恶感炸鸡"**，吸引了众多顾客前来购买……这些其实都是"换句话说"带来的结果。

也就是说，"换句话说"能够提升事物的价值，让商品和服务变得更有吸引力。

第76~77页的表格是基于我的个人经历总结的一张"'换句话说'对照表"。希望大家也根据个人情况制作一张属于自己的表格。

"换句话说"对照表

转换前	转换后
成长	蜕变
失败、失误	新问题、新发现
坏话、埋怨	问题、发现
麻烦	升级
自我认同感低、没有自信	非常谦虚
没有干劲儿	休息时间、准备环节
讨厌	多样性、观点不同
固执	讲究
不安、担心	修炼
老化	进化
不喜欢的事	机会
少数服从多数的压力	弱势群体的声音
疲惫、好累	努力过
愤怒	摇滚（音乐）
管理	长期投资
会议、商谈	比赛
嫉妒	审视自我
成果	实现目标
假设	未来规划
笨蛋、白痴	有些遗憾的人
营业额	量化的幸福

续表

转换前	转换后
减肥	节约时间
雨天	护肤、天然加湿器
热天	天然排毒
饿了	让内脏休息
妥协	共赢
紧张	挑战
责任	信任
谈判	三方共赢
忍耐	游戏
焦躁	甜食时间、深呼吸时间
最糟糕的一天	触底、接下来只有好事
无聊	不够用功
弱小	温柔
有趣	朋克（音乐）

传达技巧⑥ 打比方法则

传达技巧中的"万能公式"

"××界的优衣库""××界的星巴克"……如果这样形容一家公司，即便是第一次听说，人们也能很容易地想象出这个公司的大致形象。

这也是传达技巧的一种——用自己熟悉的事物来打比方。

通过打比方，会产生"形象可视化"和"自我代入"这类效果。

"电脑是一种智能自行车。"这句话出自史蒂夫·乔布斯之口。"智能自行车"这种比方实在是太厉害了。

我在写《在面包店卖饭团吧》时也打了很多比方，全书中"就像"之类的词大概出现了57次。

下面是其中一个例子。

"新想法来自与未曾预想过的外界事物的邂逅，就像热销的《便便汉字练习簿》那样，将'便便'和'汉字练习簿'组合起来，是一个十分独特的创意。"

在抽象的内容后加入具体的"比方"，更容易将抽象内容的意义传达到位。

打比方还能帮我们了解对方的想法。

那么，我们应该如何使用打比方呢？

重点是要选择那些**让接收信息的人"更容易理解"的事物。**如果对方只有一个人，就选择对那个人来说容易理解的内容；如果是一群人，就选择大家都容易理解的内容。

例如，对方喜欢足球的话，可以对对方说："工作时注重细节非常重要。**拿踢足球来打比方的话，细节就是所谓的'险球'。在足球比赛中，**经常会出现没能救起'险球'而失分的情况，在工作方面也是如此。倘若不注重细节而输了'险球'，就做不出成绩。"

对那些对足球不怎么感兴趣的人来说，这段话也许并不会让他们恍然大悟，但对足球爱好者来说，"险球等于细节"这样的说法十分形象、易懂。

如果**接收信息的对象是一群人，要避免用足球这种有人喜欢、有人无感的特殊事物来打比方，**最好选用那些**大家都能理解并产生共鸣的一般事物来打比方，**例如食物、餐厅或热点新闻等。这样一来，刚才的那段话就可以转换成："工作时注重细节非常重要。**打个比方，有些餐厅的饭菜虽然很好吃，但是杯子上有指纹、服务态度差。其实，经营餐厅并不是只要味道好就可以，更重要的是不放过每一个细节，从而让顾客满意。**工作和经营餐厅一样，如果没有完善细节部分，就很难做出成绩。"

总之，**我们需要根据信息接收对象的认知范围来改变喻体。**

打比方时的注意事项

打比方的时候需要注意一点——**过于夸张反而会带来消极效果。**

前几天，我读了一本书，书里讲了一个关于克服工作方面的困难并取得成功的故事。在描述工作中碰到的困难时，书中说"初入职场时四面八方都是敌人"，并将职场新人的处境比喻成"手无寸铁赴战场"。读到这段话时，我觉得这个比方放在这里非常违和。我怀疑作者写作时根本没有想象过"手无寸铁赴战场"是一种什么样的感受。我想，作者应该是想表达有很多困难正等着初入职场的新人。但是，"手无寸铁赴战场"这种表达方式是不是过于夸张呢？至少让我觉得太夸张了。

由此可见，在打比方时，过于夸张的手法会让对方更难理解我们想表达的内容。

传达技巧⑦　取名法则

 # 取个名字，事物会变得特别

传达就是让脑海中的想法可视化，这句话我之前也一直反复强调。

可视化的有效方法之一就是"取名"，即给事物取一个名字。

为什么要取名呢？

这是因为名字的存在能让人更加清晰地认识某一事物。为了整理周围庞杂的信息，我们需要给各种东西取名。有了名字，我们就能认识某种事物，并将其与其他事物明确地区分开。

取名还能让我们更加喜爱该事物。

一部漫画中也有类似的故事情节。那部漫画的主人公是一群农业高中的学生，其中有个片段讲的是他们给自己养的猪取名。因为是畜牧养殖，所以这些猪最后都会被宰杀，但因为学生们给猪取了名字，对它们产生了感情，所以大家最后都十分苦恼。

这个故事告诉我们，取名会让事物变得特别。

取个名字，魅力大增

取名也属于传达技巧之一，它可以让事物更有魅力，也会使我们的传达目的变得更加明确，还有许多其他效果。

例如，当你和朋友计划一起去冲绳旅行时，你们想为这次旅行取个名字。

冲绳旅行

冲绳当地美食游

哪个名字更有魅力呢？

虽然二者只是略有不同，但是"冲绳当地美食游"这个名字的目的更加明确，也更能传递出一种开心的氛围。

那么，下面这种情况又如何呢？这是一家公司为会议取的名字。

企划会议

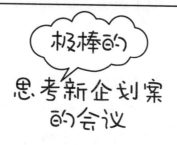

极棒的

思考新企划案的会议

下面的标题看起来更有趣，而且让人有一种能够想出绝佳企划案的预感。

取名方法还可以运用到其他场景中。例如，在给孩子制订学习计划时，如果想让他们更加享受学习过程，比起在日程表上单纯地写上"算数"或"汉字"之类的计划，不如试着将每项日程的名字改得有趣一些，例如"打败数学魔王大作战"或者"记住30个汉字就可以吃零食"等。这样一来，孩子看待学习的态度就会发生改变。

此外，在手账上记录特别命名的日程规划，就赋予了这段日程更高的价值。例如，可以将"和A开会"取名为"和A商讨行业发展前景"，或者将"和B聚餐"取名为"和B一边享受美食一边增进友谊的聚会"等。如果每天都有类似的日程，那么我们的人生一定会十分有趣吧。

我将更直观的取名方式称为"可视化取名"。我给这本书中介绍的所有传达技巧都取了名，也是因为我想实现"可视化"效果。

日本地产品牌大和房屋工业提出的**"无名家务"**也是一个关于"可视化取名"的成功案例。"无名家务"指的是很多十分琐碎、叫不出名字的家务。这种取名方式使这些没有名字且极费时间的家务变得直观起来。

顺便提一下，"无名家务"排行榜的前三名是下面这几项：

第1名：给脱下的衣服或者团成一团的袜子翻面。

第2名：将玄关处乱摆的鞋放到鞋柜里或者摆放整齐。

第3名：补充或替换卫生纸。

（参考日本贝乐思集团"无名家务"投稿征集网。）

"无名家务"这个名字就是将令许多人烦恼的家务可视化的巧妙范例。

还有一个我一直都觉得很巧妙的名字——"当地美食"。

现在，这个说法已经不足为奇了，但是多亏了这个词的出现，许多地区都有了振兴地区经济的各种"当地美食"。

当地美食和从古至今始终存在的"地方菜"不同，即便不是根植于当地的美食似乎也可以冠上该名号。因此，很多菜肴不再受限于传统框架。当地美食还被人们细分为"当地拉面""当地炒面"等各种类型，出现了数不清的美食。这也是**通过取名而得以推广并取得成功的范例之一吧**。

在这里，我想提一个关于取名的问题。

日本饮料公司伊藤园推出的"喂——茶"是一款人气很高的绿茶。其实，这款绿茶原来不叫这个名字。

请问，它原来叫什么呢？

答案是——罐装煎茶。

这个名字很直接吧？

20世纪70年代，伊藤园开始在电视广告中使用"喂——茶"这句广告词。1985年发售的"罐装煎茶"在4年后改名为"喂——茶"。改名后，产品营业额增加了6倍左右，至今仍深受喜爱。

"罐装煎茶"这个名字确实很准确，但这样的名字是否具有吸引顾客的魅力呢？如果一直使用"罐装煎茶"这个名字，这款产品也许就不会如此"长寿"吧？这个故事正是一个关于表达的范例，充分证明了有时改个名字就能成功。

取名技巧

我曾经负责过《史上最简单的顶尖英语学习法》这本书的出版工作。当时，我对内容非常有信心，觉得这本书一定会对读者的英语学习有帮助。所以，我自信满满地完成了这本书的出版工作。

但是，**这本书卖得不好，简直是一败涂地。**

几年后，我换了一个书名，并将开本改为能够随身携带的大小。新书名是《90%的英语会话中学水平就能搞定》。我将这本书的主旨作为书名直接放在封面上。结果，**这本书居然卖了20万册，成了畅销书！**

我改变的只有书名、设计、尺寸和价格，完全没有改变任何内容。但是，原本卖不出去的书居然成了畅销书。这使我深深地感受到，名字的变化会极大地改变传达效果。

那么，具体应该如何取名呢？

给商品或某项服务取名是一件很难的事，并没有什么捷径。但是，我们可以在思考时参考以下要点：

① 注意让对方有代入感。

② 加入"新发现""新点子"和"共鸣"。

③ 加入"关键词"。

④ 使意思简明易懂、易于传达。

⑤ 韵律感和节奏感强。

⑥ 紧凑。

⑦ 接地气。

⑧ 加入流行语。

⑨ 总结魅力。

⑩ 打比方。

⑪ 用首字母造新词。

另外，在给旅行、会议等日常生活中的活动取名时，我建议从"令人愉快"或"能激发动力"等方面展开思考。

传达技巧⑧ 停顿法则

 制造停顿，留出思考的时间

美国心理学家乔治·米勒曾提出"人的瞬时记忆容量的平均值为7个单位"。这里的7个单位指的是7个"有具体含义的信息群"。后来，其他心理学家指出，这个平均值并非7个单位，而是4个单位。不管这个平均值具体是多少，这项研究都表明了一个问题——人类是一种存在记忆困难的生物。

想要成功传达，需要让接收信息的一方"记住、思考并理解"另一方所说的内容。特别是对话与文章不同，是不断向前推进的，如果进行得不顺畅，那么整段对话就会在信息不能传达到位的状态下进行。

在这个过程中，最重要的便是停顿。

停顿具有为对方提供记忆、思考和理解的时间的作用。

如果没有停顿，一口气将信息告诉对方，很难传达到位。擅长表达的人就算说话速度很快，也会适当地加入停顿。

如果你是那种一紧张或一激动就容易加快语速的人，请特别注意这一点。我自己也很容易变成那样，所以每次说话的时候都会特别留心。

能够让我们切身感受到停顿的重要性的还要属鬼故事。

在讲鬼故事时，停顿十分重要，能够渲染恐怖气氛。试想一下，没有停顿的鬼故事会是什么样？恐怕会变成绕口令，恐怖感全无吧？听众还没来得及回味，故事就继续下去了，恐怖之处根本不能传达给听众。

此外，一些优秀的单口相声演员或搞笑艺人在表演时也会妙用停顿。

停顿还具有使对话更有节奏感等作用。我希望大家都能有意识地在讲话时加入停顿，并利用它使对话升华，让信息传达到位。

在某些视频平台上，一些几乎没有任何停顿的视频的播放量往往也很高。这是视频制作者为了不让观众感到厌倦而想出来的办法。不过，主要是因为看视频有一个好处——没听明白的地方可以倒回去再听一遍。

传达技巧⑨ 数字法则

 ## 数字能帮我们理清思维

有一本书的腰封给我带来了深深的启发。那本书名叫《父母去世前想做的55件事》，腰封上这样写道："如果父母现在60岁……20年（父母剩余的寿命）×6天（1年中能和父母见面的天数）×11小时（见面时每天和父母在一起的时间）=1320小时。也就是说，你和父母能够一起度过的日子只剩下55天了！"

这句话通过具体的数字计算，将"其实我们和父母相处的时间不剩多少了"这个惊人的事实直观地摆到读者眼前。

比起只说一句"其实我们和父母相处的时间不剩多少了"，用数字展示更能说明问题，也更直击人心。

数字也属于传达技巧的一种。

① 你是从很多人中挑选出来的人。

② 你是从1000人中挑选出来的人。

① 这种牛肉十分珍贵。

② 这种牛肉是一年只产100头的牛身上的肉。

① 这段话有以下几个重点。

② 这段话有以下3个重点。

通过对①、②两句话进行比较，我们可以发现第二句**用数字进行说明，因此更具"特别感"**。

比起"从很多人中挑选出来的"这种说法，"从1000人中挑选出来的"更能给人一种很厉害的印象；比起"珍贵的牛肉"，"一年只产100头的牛身上的肉"这种说法更显得稀有。

加入数字不仅会带来特别感，还会使人印象更深刻。此外，加入数字会使原来模糊不清的概念变得清晰，帮助人们把握、理解。

"传达就是让自己的想法在对方的脑海中可视化"，而使用数字恰恰具有使信息可视化的效果。

综上所述，使用数字的优点包括以下几点：

- 提高准确度。

- 明确重点。

- 产生特别感。

其实，很多书名中也会用到数字，例如《说话方式占成功的90%》《针对新手的3000日元投资生活》《法国人只有10套衣服》。这些都是畅销书。在书名中加入数字不仅提升了"语言强度"，还让作者想表达的内容更加清晰、明确。

有一个能够帮助我们更加有效地使用数字的方法——**使用对方容易想象到的数字**。

例如上述书名中的"90%""3000日元""10套"，都是人们非常容易理解的数字。

如果是"农田的面积是10公顷"这种说法，你觉得如何呢？

如果对农民说这句话，他们应该可以理解面积大概是多大。但是，对大部分人来说，10公顷的农田究竟有多大这个问题非常难把握。

在这种情况下，"农田大概有2个东京巨蛋（一座能容纳

55 000人的体育馆）那么大"这种说法可以更有效地传达信息。

再来看看看下面这组例子。

①今天一天都要努力。

②今天24小时都要努力。

③今天1440分钟都要努力。

很明显，这3句话给人的印象并不相同。

如果说"一天"，那么我们的焦点会放到"今天"这个日子上；"24小时"给人一种"珍惜每个小时"的感觉；而1440分钟就有些难以把握了。

传达技巧⑩ 逗号法则

逗号能提升传达强度

松任谷由实有一首叫作《春天，来吧》的名曲，歌名中加入了逗号，使希望春天到来的心情显得更加强烈。

"春天，来吧。"

"春天来吧。"

这样一比较，就可以明显地感受到差异。

仅仅加了一个逗号，就能让感情变得更加强烈。

有赛马经验的人应该都知道，比起"3号快跑"，"3号，快跑"表达的感情更加真实、迫切。

《传授人生哲理的516条杰出广告词》这本书收录了许多广告语。为了培养语言感知能力，我会时不时地翻阅这本书。有一次，我在阅读这本书时有了一个新发现——**很多著名的广告语都十分巧妙地使用了逗号。**

下面是一些例子。

- 从今天开始，变干净，就可以了。（广告语撰写人：山本尚子；客户：SAISON集团/SAISON卡　1988年）

- 不可思议，好中意。（广告语撰写人：系井重里；客户：西武百货　1982年）

- 今天是，明天的回忆。（广告语撰写人：栗田广；客户：索尼/Handycam摄像机　1992年）

- 慢食，回归吧。（广告语撰写人：秋元敦、矢部薰；客户：可果美公司/安娜妈妈牌番茄酱　2000年）

- 租赁土地，但是，有家的感觉。（广告语撰写人：石川英嗣；客户：旭化成工业公司　1997年）

怎么样？这些都是因为有效地使用了逗号而深入人心的广告语。

如果是在口语中，可以想象成是以逗号为基准将一句话分开，在逗号部分加入了停顿（关于停顿，可以参照第89~90页的内容）。

用名词结尾更有冲击力

另外，还有一些提升传达强度的方法，例如**用名词结尾**。

一些有名的新闻网站经常会在标题中使用名词结尾。我曾经问过编辑部的人为什么要这样做，他们的回答是"因为这样能够更好地突出亮点、吸引读者"。

来看看这条标题："工作中经常犯错的人身上的5大坏习惯"。

这个标题是我自己编的，通过用"5大坏习惯"这一名词性结构来结尾，使表达更有力度。

如果这个标题变成"在工作中经常犯错的人对这5个坏习惯并不陌生"，效果如何呢？

虽然这2句话表达的意思是一样的，但传达效果的强度大不相同。

还有一个方法可以帮助我们提升语言强度——加引号。加了引号的内容无疑得到了强调，而且在视觉上也更加醒目。

传达技巧⑪ "借助外力"法则

 对话语没有自信时，不妨借助 "外力"

你是否觉得请求他人帮助是一件很丢脸的事？

事实并非如此。请求他人帮助也是传达技巧的一种，我称之为"借助外力"。

某次我坐公共汽车时，一位母亲带着孩子坐在我旁边，孩子面朝窗户，穿着鞋站在座位上。那位母亲说："你这样做，旁边的叔叔会生气的，快把鞋脱了。"

怎么让我当坏人呢？当时，我感到有些不快。

大家也许都有过类似的经历吧。

但是，当我事后再思考这件事时便发现，其实这种责备的方法正是借助了外力。

一般来说，孩子都喜欢向母亲撒娇、耍赖，所以就算母亲再怎么责备，有些孩子也会把母亲的话当作耳边风。但是，如果此时面对的是一位陌生的叔叔，孩子就会没来由地有些惧怕。因此，巧妙地运用孩子的这种心理，也许会让话语更有效。

当直接向孩子表达却无法被他们理解时，借助外力也是一种有效的方法。

小时候，大人经常会吓唬孩子"老虎会找上门哦"或"怪物会来抓你哦",这些管教孩子的方法也正是借助了外力。

在出版界,书籍腰封上的推荐语是借用外力进行表达的方法之一。我们会请那些知名人士来推荐书籍,也就是借助第三者的能力来表达书籍魅力或提升读者对书籍的信任度。

像这种利用第三者的能力的方法就是"借助外力"。

这种方法会使自己想表达的内容更能得到对方的信任,所以善于表达的人经常会有意识地巧妙运用外力。

像"专家推荐""获得××奖项""上过电视"等说法都运用了这一方法。

例如,在向别人推荐酒时可以说:"这款酒的味道好极了。""这款酒**得过大赛金奖**,味道好极了。"推荐面包时可以说:"这款面包美味极了。""这款面包是**从那家上过电视的知名面包店买来的**,美味极了。"

这两组话中,每一组都是后者听起来更有魅力,也更加吸引人。

外力VS外力

某公司的一位部长在跟我聊天时曾经说过这样一番话："我的下属总是不听我的话。最近好像有一个在社交网站上很出名的'网红'说'人只应该干自己喜欢干的事''没有意义的事就别干了'之类的话，我的下属受到了影响，更不听我的话了。明明有些事即使没有意义也必须得做啊……"

当下，似乎很多管理层人士都有类似的烦恼。我们只应该干自己喜欢的事吗？那些没有意义的事就不用干了吗？这些问题暂且不谈。不过从传达技巧上说，这类问题的出现可以理解成外力在发挥反作用。

在这样的情况下，我们就可以尝试**借助其他外力**来表达，例如"话虽如此，但你知道吗？被称为'经营之神'的××曾经说过与之完全相反的话。所以，就算是自己不喜欢的工作，或者乍一看觉得毫无意义的工作，不如先试试吧？"

在借助外力时，我们也要多加注意。如果用错了方法，借助外力反而会降低自身的可信度。错误的方法是指**毫无个人主见**，

仅仅借助外力。

例如，只是因为"上司是这么说的"，就将上司说的话原封不动地告诉对方。如果用这种方式表达，对方会认为你是没有主见的人，进而对你失去信任。外力指的是为了更好地表达自己的想法而借助的力量——大家在借助外力前务必先领会这一点。

传达技巧⑫ "利他"法则

通过"利他"，获得对方认同

"我邀请别人时基本不会被拒绝。"一位十分受欢迎的朋友曾对我说。当时，我仔细询问他原因，他告诉我："那是**因为我在邀请别人时考虑到了什么对他们有好处。**"

那时，我觉得有些难以置信，原因就这么简单吗？不过，现在一想，如果像这样发出邀请，确实会让对方很难拒绝。

"如果对方喜欢棒球，而且是广岛东洋鲤鱼队的忠实粉丝，那么我在邀请时会说：'我很想去看东洋鲤鱼队的比赛，你能不能和我一起去？'对一支球队的粉丝来说，别人喜欢自己支持的球队是一件非常高兴的事。另一方面，如果我根据对方的喜好来提建议，自己也能体验到很多以前从来不会选择的事物，这样我也很开心。"

原来如此，他是从利他的角度邀请别人啊。现在一想，我以前似乎并没有做到这一点，总是从利己的角度对他人表达。

在第27~29页，我曾经解释过"对方的立场"这一概念，"利他"就是基于这一概念总结而成的技巧。

"利他"不仅指考虑对方，更需要我们在表达时向前迈一步，让对方觉得"赚到了""太棒了""好开心"。

有一次，我在一家餐厅吃饭，点完菜后等了很久，菜还是没来。这时，负责上菜的服务员对我说了这样一句话："不好意思，后厨现在正在为您精心烹饪，请您稍等片刻。"

听到这句话，我的心情也在不知不觉中变好了。

虽然花了些时间，但服务员的这句话非常容易令人认同，还会使我对菜品更加期待。

如果服务员说的是"现在客人很多，不好意思，请稍等片刻"，效果会大打折扣。

即便是不利情况，通过利他方式进行表达，也能化解危机。

不过，偶尔也有人会误解利他法则，例如下面这种情况。

一家保险公司的营业员向我推销："我认为这款保险产品对您来说真的非常有用，万一您生病了，可以给您提供这么多保障。日本人中有×%的人患有3大疾病（癌症、急性心梗、脑血管疾病），您也可能会患这些病……"

上面这段话都是从利他角度展开的，但是在听他的话时，我并没有感受到他真的在为我着想，反而很容易就看清了他说这番话的真正目的——卖保险。

这个例子和前面的例子的区别在哪里呢？我认为两者的区别在于"是否关注对方并对其感兴趣"以及"是否真正为对方着想"。我那位从不会被拒绝的朋友当然对受邀者表现出了兴趣，但那位保险公司的营业员对我并没有什么兴趣，只不过想卖出一份保险。其实，表达者的态度也会通过话语传达给对方。

如何通过利他法则拒绝别人

有些拒绝方式并没有站在对方的角度考虑，反而会让对方感到不愉快。例如，公司里的前辈拜托后辈帮忙完成一项紧急工作，前辈说："这项工作很急，能不能帮我做一下？"后辈说："我现在很忙，做不了。"

如果直接这样说，前辈可能会有些生气。同样是拒绝，用下面这种表达方式可能会改变对方的反应。前辈说："这项工作很急，能不能帮我做一下？"后辈说："我现在正在推进A项目，可能很难立刻抽出时间来。等忙完手头这个项目，我就可以帮您。"

这里说的A项目是前辈也希望能够成功的项目。如果后辈这样表达，前辈就很难要求后辈立刻去帮忙。

所以，很多时候我们需要避免直来直往，而是转变为利他角度。这种方法还可以用在众多场景中。

那么，具体该如何转变角度呢？

① 避免将自己的想法原封不动地表达出来。

② 想象对方脑海中的状态，站在对方的立场上思考什么是有利的、什么是有害的。

　　例如，在刚才那个前辈拜托后辈帮忙的例子中，后辈就可以想象前辈脑海中的状态："如果我拒绝了，前辈应该会很难堪吧？但是现在我太忙了，实在接不了这项工作。为什么这么忙呢？因为我将全部精力投入到了我和前辈都想成功推进的A项目上。对前辈来说，要是A项目搞砸了，也是很大的损失。"

　　在我之前介绍的那个餐厅上菜很慢的例子中，服务员一定也想象了顾客脑海中的状态："顾客可能会因为上菜慢而感到烦躁。顾客之所以来到这里，是为了品尝美味佳肴。"

　　我想，服务员应该是基于这样的思路才说出那句话的吧。

③ 将对对方来说优先度更高的事物以一种利他或不会对其造成损害的方式表达出来。

以这样的流程思考就可以转变角度。

例如在向对方抱怨或者敦促对方时，直来直往很有可能会使彼此变得情绪化，有时甚至会演变为争吵。在这种情况下，我们就可以以利他的方式进行表达。

不过，虽然我们也可以从利他的角度来表达不满和抱怨，但是我更推荐"称赞、抱怨、称赞"这种夹心三明治式的表达方法。就像三明治一样，在开头和结尾称赞，在中间抱怨，能够在很大程度上改变对方的感受。

最后，我希望大家在思考利他方法时能注意一点——**避免将其和"找借口"混为一谈**。

说到底，我们需要找到一个自己和对方都认可的回答方式。

传达技巧⑬ "三好"法则

 # 用"三好"吸引对方的兴趣和关注

妻子曾经拜托我："能不能帮我找些不需要的报纸？"我却把这件事忘得一干二净。

后来，她又因为这件事三番五次地拜托我，可无论她说几次，我总是会忘记。

妻子可能再也无法忍受了，于是改变了说话方式："我要用报纸垫在垃圾桶里面。以前我们都是用便利店或者超市的塑料袋装垃圾，其实用报纸比用塑料袋更环保，而且现在塑料袋要收费。"

听完这番话，我才理解了报纸的"必要性"。

在那之后，我没有忘记妻子所说的话，将报纸带回了家。如果只是不轻不重地说一句"能不能帮我找些不需要的报纸"，可能立马就会被忘记，但是，一旦与金钱和环境等因素联系起来，这条信息便一下子有了分量，也能被人记住。我意识到这件事对我和妻子，甚至对社会来说都有好处。

吸引兴趣和关注的3大要素是"对自己好""对他人好"和"对社会好"。

如果你在餐厅点餐时询问："今天的推荐菜是什么？"服务员回答："今天的推荐菜是××先生最喜欢的牛排。这种肉味道鲜美，口感也很好，客人们都说很好吃。而且，这种肉的脂肪含量很少，不喜欢油腻的人应该也会喜欢。另外，牛是在环境极好的农场里饲养的，饲养过程中采用了减少温室气体排放的方法，十分环保。您要不要试试呢？"

如果点餐时听到服务员说的这番话，你会不会很想尝尝这道牛排呢？

对自己好，对他人（家人）好，对社会也好。

上述三要素（三好）也属于传达技巧的一种。

再看看下面这个满足"三好"要素的例子。

"即使长时间坐在这把木椅子上也不会感到劳累，很适合用来办公。木材具有保温的特点，冬天坐在上面时不会感觉太凉，也很适合老年人。另外，原材料属于间伐材（为了维持足够的树木间距，使树木获得充分的生长条件而砍掉部分树木，剩下的树木就是间伐材），十分环保。"

怎么样？你产生想购买这把椅子的欲望了吗？

最近，日本社会上出现了一种重新审视"近江商人"（自江户时代至明治时代期间活跃在社会上的商人）的倾向。据说，这是因为很多人认为**近江商人的"三方皆利"理念在当今时代依然适用**，并对其给出了高度评价。

卖家得利，买家得利，社会得利。近江商人的这种理念和"三好"理论可以说是一脉相承的。

代入自我，提升兴趣和关注度

下面有两幅标识图，均表示"禁止随地小便"。

接下来是我的提问。

哪一幅标识更有效呢？

我经常在演讲的开头引用这个例子，它就像我演讲时的一道"开胃菜"。

为什么我要引用这个例子呢？因为这个问题中包含几个能够吸引对方视线和兴趣的因素。

首先是"随地小便"这一主题。无论面向什么样的对象，这一主题都不难理解。"离自己不远""共通"以及"容易联想"的内容能够更好地传达给听众。

其次，这个例子的形式是提问。**通过向对方抛出一个问题，能够让对方"先在自己的大脑中思考一遍"。**经过这样的流程，对方就更容易将自己代入话题中。

最后，是因为标识图中有鸟居（类似牌坊的日本神社附属建筑，代表神域入口）这个元素。鸟居和随地小便看似毫无关联，将这两者联系起来能够使人产生疑惑，引发情绪波动。控制对方情绪的变化是为了提高其对话题的关注度。

接下来比较一下这两幅标识。

一般来说，人们看到上面那幅标识，就能马上理解其意思。但是对于禁止类标识，人们要么感到不愉快，要么根本不在意。就像在很多人乱扔垃圾的地方往往挂着一块写着"禁止乱扔垃圾"的标识。

但是，如果牌子上并非仅仅写着一句"禁止乱扔垃圾"，而是加上了"乱扔垃圾的人会遭遇不幸"这句话呢？

这样一来，人们应该就不会轻易地乱扔垃圾吧。

或者可以这样写："禁止乱扔垃圾！有5个乱扔垃圾的人已经遭遇了不幸。"

这样一来，人们就更不会乱扔垃圾了。这是因为有些人看到牌子上写着"有5个乱扔垃圾的人已经遭遇了不幸"，就会把自己代入到那样的情形中。

前几天，我在某个停车场里看到了这样一句话："违规停车，轮胎放气，收1万日元以上的停车费。"

"轮胎放气"能够将此事的严重性传达给对方。看到这句标语时，人们能够很容易地想到自己违规停车将会有什么样的后果。

对了，我还没有揭晓前面那道关于"禁止随地小便"标识的问题的答案呢。

其实，答案是**两者都有效**。

不过，据说如果贴上鸟居标识，那么不仅仅是随地大小便，连随地乱扔垃圾的现象都会减少。所以，有些地方会为了减少乱扔垃圾的情况而贴上鸟居标识。

直接说"禁止"或"不能"很难让人们乖乖遵守，但贴上鸟居标识的话，人们就会想到"玷污鸟居会遭天谴"，也就是说，更容易将自己代入进去。

还有一个关于减少乱扔烟头现象的有趣事例。

如果街上的烟灰缸只是放在那里，很少会有人注意到。所以，有些人给街上的烟灰缸加入了创意性元素。例如，某个地方就用"你认为谁是世界上最棒的足球选手？利昂内尔·梅西还是克里斯蒂亚诺·罗纳尔多？"这个问题来吸引人们用烟头投票。这种有趣的小活动会吸引人们的注意并让人们参与进来。

上述例子是"三好"法则的衍生方法——"三代入"，即代入自己、代入他人、代入社会。

这些方法都可以作为传达技巧使用。

传达技巧⑭　语境法则

创造一个"传达式语境"吧!

"你真是一根筋"这句话是骂别人傻吗?

如果单看这一句话,确实有种"侮辱别人"的感觉。

那么**"通宵练吉他? 你真是一根筋啊! "**这句话呢?

在这句话中,"你真是一根筋"其实并没有侮辱性,说话人只是想表达对对方执着精神的钦佩之情。

再举一个例子。**"我究竟要说几遍你才懂啊? 你还真是一根筋啊! "**如果这样说,就是一句严厉指责对方的话。如果上司对下属说这句话,那么很可能会被控告滥用职权。

明明是同样一句话,意义却完全相反。这也是语言的一大难点。

上面2句话的不同之处在于"语境"。因此,创造语境非常重要。

语境指的是前文与后义之间的关系,以及从背景中引出的内容脉络。如果无视这一脉络，我们表达的内容就会完全违背本意或者无法被对方理解。

20多岁时，我曾因工作原因被某位演员打过。不过，正是因为那位演员的这一行为才有了现在的我。

当时，我因为某个杂志社委派的任务和这位演员一起工作。他对杂志上的某些内容不满意，生气了，我却误解了他生气的原因。由于我不理解他在说什么，根本答不上来。看着糊涂的我，那位演员可能到了忍耐的极限吧。当然，我们不能肯定暴力行为，但那次经历让我切身体会到不理解语境可能会惹恼对方这件事。

创造传达式语境时的3个注意点

我相信，一定有一些人很难理解语境，曾经的我也是这样的。这类人通常倾向于**碎片化拾取词汇**。

他们一听见自己知道的单词就立马做出反应，很容易忽略决定语境的前后文走向、接续词和助词等。另外，他们还喜欢直线性思维，例如"一根筋"等于侮辱性词汇。

所以，对待这类人，我们更需要创造"易于理解的语境"。

那么，如何才能创造一种"易于理解的语境"呢？

我认为需要注意以下3点：

① **目的、目标。**

② **前文语境。**

③ **后文语境。**

举例来说，如果父母在教孩子的时候不会巧妙地利用语境进行传达，孩子可能会单纯地认为自己只是被骂了而已。

"过马路的时候要注意看左右两边，确认没有车才能过去。即使别人都过去了也不意味着很安全。"

如果像上面这样提醒孩子，有些孩子可能会觉得是因为自己过马路的方式错了才被父母教育的。

此时，可以换个方法，试着用传达式语境来表达。

"①你不想被车撞吧? ②最近，这条路上发生了交通事故，有人被车撞了。在你过马路的时候，司机很有可能分心了，根本不会注意到你。所以，过马路的时候要注意看两边，确认没有车了再过去。即使其他人正在过马路也不代表现在很安全。③如果你被车撞了，妈妈会很伤心，一定要记住。"

如果是这样的语境，孩子应该能够理解父母是在担心自己，而非斥责。要说得这么具体可能有些困难，不过，我认为在表达重要信息时是很有必要的。

这种表达方法可以分解成以下3个部分。

①目的、目标

父母的目标是孩子能安全地过马路并且今后过马路时都要很小心。所以，父母要做的就是将这些想法表达出来，让孩子能够切身体会到这件事的重要性。

· 你不想被车撞吧？

②**前文语境**

· 最近，这条路上发生了交通事故，有人被车撞了。

· 在你过马路的时候，司机很有可能分心了，根本不会注意到你。

③**后文语境**

· 如果你被车撞了，妈妈会很伤心的，一定要记住。

这样一来，孩子在理解父母良苦用心的同时也会明白自己今后应该注意什么。

之前，因为工作原因结识的一个人说要请我吃饭。他表示会提前预订餐厅，并问了我这样一些问题："您经常跟别人聚餐吗？顺便问一下，您在和我有约的前几天或者后几天有没有聚餐的安排呢？如果有，准备去哪家餐厅吃什么呢？"

这个例子和前文中的"语境"似乎略有不同，不过，我们也可以用这样的方式来站在对方的角度思考问题。

另外，语境并不单指语言。

如果表情冷淡，话语中也会带着不愉快；如果语气温柔，那么对方也能感受到我们柔和的态度。用什么样的表情、语气去表

达，也属于语境的一种。

　　有了语境，语言就有了意义。如果忽视了语境，就无法传达语言的意义。就像我在前文中举的那个有关"你是不是一根筋"的例子一样，仅凭"一根筋"这个词，我们无法准确地传达自己想说的意思。

不理解语境就容易出错

有一次，我突然问妻子："我的帽子放在哪里了？"妻子反问道："哪一顶帽子？"

从妻子的角度来看，她完全不知道我在找哪一顶帽子。虽然我脑海中想的是"那顶黑色的棒球帽"，脱口而出的却是"我的帽子放在哪里了"这句没头没尾的话。这句话缺失了"前文语境"。类似的情况不仅会发生在家庭中，还会发生在职场上。

如果不理解语境或者说话前提，对方的脑海中可能会出现一个大大的问号。

说话者可能认为自己明白的事对方也理所当然应该清楚，但如果一个人在不明白语境的状态下就能理解对方所说的话，这个人肯定是有什么超能力吧？

所以，**即便觉得麻烦，也要尽量耐心地将前后文语境表达清楚，这样的对话才会更加合理**。换句话说，就是尽量避免一上来就直奔主题。

阅读文章时，我们即使不逐字阅读也能明白文章整体的意思。这是因为我们理解了语境。理解了前后文语境，即使粗略地浏览一下也能够领会意思。

表达也是如此。为了让对方"即使粗略地听一下也能理解"，我们需要清晰地表达语境。

区分使用结论先行和结论后置

　　"善于说话的人都会从结论说起。"在工作中，我经常会听到这句话。

　　确实，如果不先把结论说清楚，只是滔滔不绝地解释，传达效率就会十分低下。从听众或读者的角度来看，如果始终处于一种疑惑"结论是什么"的状态，就很难想象接下来会如何展开，还会使人变得烦躁。

　　我曾经听过这样一个故事。据说，某位著名企业家因为工作十分繁忙，所以用每5分钟为单位来划分会议时间。也就是说，5分钟内必须谈成一个项目。这样一来，商谈时必须首先给出结论才行。

　　虽然在大部分场景中，结论先行这个方法能帮助我们更好地传达，但有时将结论后置也能产生良好的效果。关于这一点，我将在后文中详细说明。

结论先行的表达法包含以下流程：

确认论题→提出结论→说明原因。

我认为，在提出结论之前，最好先与对方确认论题。这是因为如果直接从结论出发，对方可能会疑惑"这个人究竟在说什么"，这就是我在前一部分提过的说明语境的重要性。

不管在工作中还是在日常生活中，大家都十分忙碌，所以人们无法准确地记住每一件事。即使是那些说话的人认为理应记得的事，对方也很容易忘记。所以，从"对方已经忘记了"这个前提出发，能使沟通进展得更加顺利。

也许有人会怀疑，"确认论题"真的有这么重要吗？

真的很重要。现实生活中经常会出现因为没有好好"确认论题"导致本来应该顺利进行的对话遭遇障碍的情况。我也时不时会遇到这样的问题。

有时，结论后置更好

在法庭上，法官宣布判决结果时基本上会先说"主文（结论）"，再说明判决理由。不过，在宣布重大事件的判决结果时，会采用"主文后置"这个方法，即先说明"判决理由"再宣布"主文"。之所以采取这样的方法，是为了让人们更聚精会神地听判决理由。不仅是在法庭上，在工作和日常生活中，我们也需要根据具体情况来区分结论应该先行还是后置。

例如，在以下两种情况下，人们往往会选择结论后置。

● 表达事态严重性时。

● 向客人介绍商品或服务时。

在对方还不明白事件的原因和背景时，突然给出结论会带来一定的风险，此时需要采取"结论后置"这个方法。

总之，我们需要根据具体对象和内容来决定结论应该先行还是后置。

将大家都有的"本能"转换为语言

让这无趣的世界变得有趣吧。——高杉晋作

有志之人必定能成功。——亚伯拉罕·林肯

这不是职业，而是我的人生。——史蒂夫·乔布斯

以上3句话都是人们公认的名言，也是我记在笔记本里的最喜欢的3句话。

名言之所以能成为名言，是因为它们具有直击人心的力量。也就是说，名言是那些"激荡心灵"的话语。

那么，这些名言为何会如此深入人心呢？这是因为它们当中藏着"深入人心表达法"。

我认为，这种表达法首先采用的是"**将本能转化为语言**"这个技巧。

在市场营销用语中，有一个常用词叫作"洞察力"，指的是

人类的一种潜意识，这种意识往往无法完美地用语言表达或直观展示出来。

为了更好地理解这个词，我将其称为**"隐形的本能"**。我在工作中经常要面对这一"本能"。

例如，在撰写书籍标题或者腰封广告语时，我经常会考虑读者的"本能"并将其转化为语言。这个过程并不简单，需要进行大量思考。

我曾参与过《空腹才是最强特效药》这本书的出版工作。在思考该如何为这本书做企划案和取书名时，我也考虑到了"本能"。这本书的作者提倡"16小时断食法"，认为人如果16个小时不进食，体内就会发生一种"自我分解"作用，对人体有好处。这本书原来的书名是"留出空腹时间对我们的身体有好处"，而我在不断翻阅和调查后发现了以下两点：

- ● 很多人吃完东西后会产生疲倦感和困意。
- ● 有些人明明不是很想吃饭，却勉强自己吃一日三餐。

由此，我洞察到的"本能"是这样的：

- 不吃东西，保持饥饿状态可以使人更加清醒。
- 断食对健康有好处。
- 不吃东西有痛苦的一面，也有令人愉快的一面。

发现自我"本能"，根据书的主题进行思考后，我想到的书名就是"空腹才是最强特效药"。

那么，我们该如何找到"本能"，又该如何将其具象化为语言呢？

寻找"本能"的一个方法是**自问自答**。

自问自答是指自己反复进行提问和回答的过程，通过这个过程，能够挖掘出我们内心深处的想法。

日本知名连锁速食店摩斯汉堡在制作某款吐司时也运用了这一方法，将本能转化为语言并制成了商品。那款吐司的浓郁风味让人们品尝之后不禁脱口而出："也许根本不需要黄油。"

很久之前，市面上掀起了一股精选吐司的热潮，以味道和品质见长的吐司专卖店成为人们热议的话题。但是，摩斯汉堡发现了一个更深层次的"本能"并将其转换为语言——"也许根本不需要黄油。"

在很多面包店里都可以买到品质上乘的吐司，而且吐司抹上黄油简直是绝配，味道美妙极了，我也很喜欢这种吃法。

上述这些内容都是我们可以直观感受到的需求。

接下来，我们就可以利用自问自答来寻找"隐形的本能"。

黄油和面包是最佳组合。

→为什么黄油配面包很好吃呢？

→风味浓郁、香味、口感……

→如果有即使不抹黄油也很好吃的面包呢？这样不仅提升了面包本身的魅力，而且还省去了抹黄油这个步骤。

→那么，该如何实现呢？

通过自问自答，不断地向自己提问，我们就会越来越接近"隐形的本能"。由于这一问答是我个人思考的过程，所以无法证明生产商在研发阶段是否也遵循了这个流程。不过，针对最初感到疑问或好奇的部分进行自问自答，一定能够深化思考、拓宽思路。

为了将通过该过程发现的"隐形的本能"转化为具体的语言，我们可以使用组合法、移动法和总结法等思考技巧。关于各类方法的具体说明，请看第133~134页。

思考技巧

名称	说明
组合法	将2个独立的词汇组合成1个新词。组合后的词会产生新的价值。 　　这一方法可以用在商品研发和品牌设计等领域。
串珠联想法	将曾经组合在一起或可以联想出来的事物像串珠一样联系起来。 　　这一方法可以用来从现存事物中发现新的魅力和价值。
转移法	将眼前的价值移开并发现新价值。 　　例如转移魅力、转移市场、转移受众等。这种方法可以在商品或服务不再吸引消费者的时候使用。
非二选一法	可以一次性解决2个问题。 　　在面临选择时，采用"和"而非"或"的方式进行思考。
总结法	将分散的事物总结起来，赋予其价值。 　　这一方法可以在想创造新魅力时使用。
"如果有……就好了"法	就像大雄向哆啦A梦借秘密道具一样进行思考。 　　可以在想创造出全新价值时使用。

续表

名称	说明
360度分解法	从各个方向对主题进行分解，找到构成要素。 有助于理解整体结构。
价值积极化法	将消极信息转换为积极信息。 可以抓住弱点的根源并找到解决方法。
双六（一种棋类游戏）法	制作一张双六图，从目标开始反过来进行思考。 想找到通往目标的最短距离时可以使用。
找本体法	找到他人心中"看不见的心理"。 通过理解无意识的本体找到解决方法。

居酒屋的炖菜中蕴含的表达技巧

问题

居酒屋里有一道很常见的菜——炖菜。

如果让你来说说炖菜的美味之处，你会如何表达呢？

我们可以用这个例子来解释表达技巧。

如果你是一位美食评论家，也许会这样评论："这道炖菜中的内脏很新鲜，处理得很干净，没有腥味。另外，里面加了葡萄酒和味噌来调味，加了酱油提鲜。总之，味道非常浓郁……"

这是一种深入挖掘炖菜本质魅力的表达方式。

另外，可以这样形容："浇在冒着热气的米饭上吃，简直美味无比！"

这种方法则与上文不同，是一种横向阐述炖菜魅力的表达方式。

此外，我们还可以将卖炖菜的这家居酒屋的老板作为切入点进行表达："这是一道使用开店50年传承至今的秘制酱汁，经过老板的进一步改良而成的炖菜。老板本来是法国餐厅的主厨，与世代经营居酒屋的老师傅们交谈后，被炖菜的魅力吸引，于是不断地请求从来不收弟子的老师傅收他为徒……"

这是一种利用故事进行表达的方式。

如果采用视频等影音媒介，可以播放人们边吃边满面笑容地说"真好吃"之类的画面。

这就属于用视觉效果进行表达的方式。

如果有一家卖炖菜的名店将上述几种方法组合起来进行宣传，人们一定会想去那家店尝尝吧！

第4章
·········

会传达的人都在做的4件事

擅长表达的人都不会做无用功

"中年人什么都不懂！"

我年轻的时候经常把这句话挂在嘴边。

现在的年轻人是否也和当时的我一样，认为"中年人什么都不懂"呢？

对年轻人来说，"中年人什么都不懂"这个问题永恒存在。

那么，为什么中年人不懂年轻人呢？

明明他们也年轻过，虽然时代在变化，但是按理来说，他们应该能够理解年轻人的感受。

但是，经验积累和年龄增长带来的变化、环境变化、人情世故……各种因素都会让一个人的思想发生改变。有时，人们忆起往昔，甚至会无法理解自己年轻时的许多行为。

其实，这个问题的本质并不在于中年人和年轻人之间的区别，而在于**"人与人之间本来就无法相互理解"**。

一般来说，我们想表达的内容绝对不会原封不动地传达给对方。无论是同事、夫妻、朋友还是客户，都是这样的。

读到这里，有些读者可能会抗议："你讲了这么多关于'传达'的内容，到头来居然说'无法相互理解'，这不是自相矛盾吗？"

你可能会这样认为，但事实并非如此。

日本脑科学家西刚志说过这样一句话："熟练掌握了沟通技巧的人都清晰地认识到：自己的大脑和别人的大脑构造不同，看到的世界也各不相同。"（详见《为什么你的想法总是很难传达给对方》。）

例如，当你看到"夕阳"这个词时，会想到什么呢？

就算想到的都是夕阳之景，非洲大陆的夕阳和东京市中心的夕阳给人的感觉肯定完全不同。也就是说，即使听到同一个单词，每个人脑海中浮现出的画面也都不一样。

所以，"传达"绝非易事。

这是因为大脑存在"认知偏差"，这种偏差会因为基因、性别等先天因素而不同，还会随着成长地区、环境、人生经验以及知识储备等后天条件而改变。

"一千个读者就有一千个哈姆雷特。"这就是认知偏差。

例如，在形容一款葡萄酒的味道时，如果是侍酒师之间进行对话，他们可能会运用各种专业术语来让对方更好地理解自己的意思。

　　然而，当侍酒师在餐厅里向不太了解葡萄酒的客人说明时，就需要用对方认知能力范围内的词汇进行表达。葡萄酒的美味可以通过味觉、嗅觉等去感受，侍酒师和客人对葡萄酒美味之处的想法未必相同。

　　这种问题不是我们想办法就能解决的，"传达"和"理解"是一个艰难的过程。而且，就算我们把想说的内容成功传达给对方，也只能理解为"大致传达"。

　　因此，我们要从"没有传达到位""让别人理解非常困难"这一前提出发。

　　我认为，从结果来看，只有从这样的前提出发，"传达"和"互相理解"的部分才会增加。

　　那么，我们该如何适应这种大脑认知偏差带来的结果呢？

　　首先，我们需要学会"断念"。

　　虽说是断念，但我们并不需要放弃表达，而是要在表达前先进行断念。

　　断念一般作为包含消极、否定语义的词汇使用。但是，断念这个词其实有两层含义：一是"放弃"，意味着潇洒放手、不再执着，我们经常使用的就是这层含义；二是佛教衍生义——"断惑证真"，意思是我们要断妄念、明事物、晰事理。

在表达方法的学习过程中，我们需要掌握断念的两层含义。

我在第27~29页讲过，传达要基于对方立场。但是，我们其实并不需要执着于将所有内容表达出来，而是需要明确"为什么无法传达"，这才是基于对方立场思考的正确做法。

本书传授给大家一系列表达方法正是为了这一点。

"为什么我说得这么清楚，还是没有传达给对方啊？！"

"我都说到这种程度了还理解不了，你是不是傻啊？"

有时候，也许你的心里会情不自禁地涌现出这些负面情绪，但是，与其一味地否定和质疑对方，不如考虑一下自己能制定什么样的传达策略。这样一来，就可以减少心中的郁愤之情，有益于身心发展。

会传达的人将温柔作为武器

我一直认为善于表达的人都十分温柔，他们能够站在对方的立场上真正替他人着想。

只考虑自己、喋喋不休地只说自己的事的人和那些会考虑对方的感受、为了能向对方传达而想尽办法表达自己的人相比，谁说的话更容易打动人心呢？一般都是后者说的话更容易打动人心吧？那些表达时替对方着想的人会更受人喜爱。

也就是说，在表达时，我们最好能够温柔体贴。

话虽如此，但我并不是让大家去磨炼心性，而是想让大家意识到温柔的重要性。能够意识到这一点意义重大。

例如，当你无法很好地将想法传达给对方时，是不是会变得十分急躁呢？我也一样。

遗憾的是，这种急躁的心情其实也会传达给对方。

真正想表达的内容怎么也传达不了，对方却能立刻感受到我们的急躁。没办法，事实就是如此。

如果我们把急躁、厌烦之类的负面情绪传达给对方，对方也会产生焦虑或恐惧的心理，变得情绪化。这样一来，我们本来想表达的内容就会越来越难传达给对方，从而形成一种恶性循环。如此下去，不仅"表达"这一目的无法实现，还会徒增压力。

在这样的情况下，"温柔"会成为我们的武器。

如果感到急躁，就在内心默念"做一个温柔的人吧"。可以试着站在对方的角度思考，同时使用各种"传达技巧"，温柔地表达自己的想法。这样一来，事情就会迎来转机。

我想再举一个例子，这个例子也许会有些偏离"传达"这一主题。

东京帝国酒店有一家复古皇室酒吧。**你知道如果在这家酒吧续杯，酒保会把第二杯酒放在什么位置吗？**

答案是"客人第一杯酒所放的位置"（出自《一流人士的卓越思维教你如何跨越障碍》）。因为客人经常会把第一杯酒放在最顺手的位置或者自己想放的地方，所以酒保会"不经意"地将第二杯酒放在那个"固定位置"上。

体贴才是真正的服务之道。

服务业崇尚"顾客至上"这个理念，这种理念和表达中的"基于对方立场思考"可以说是相通的。

"发脾气"和"摆脸色"会导致传达失败!

一天,我在乘坐出租车时遇到了一位看起来很烦躁的司机,他动不动就按喇叭,还小声地抱怨。过了一会儿,他主动找我搭话,但我对他先前那种烦躁的态度有些反感,所以即使有一搭没一搭地跟他聊天,也一直心不在焉,到最后我也没听进去他说的话。

"生气""不高兴""害怕"等状态都会影响传达效果。在这些状态下,对方会基于负面情感理解我们表达的内容,这样一来,他们也很容易以一种否定、消极的态度来处理这些信息。更甚者,对方会过度集中于负面情绪,忽视更重要的内容,最终导致传达失败。

人都有感到烦躁或生气的时候。但是,如果在表达时过于情绪化,那么传达大概率不会成功。

我曾经将这些告诉一个做管理工作的熟人,结果他对我说:

"我只是希望下属能够成长，情不自禁地把话说重了或者生气了，这些都是为了我的下属好。所以，就算你告诉我最好不要生气，我也很难真正做到。"

他的话有一定的道理。但是，在这种情况下，**上司的目的并不是生气，而是希望下属能够成长**。为了实现这一目标，最重要的是让对方理解我们想表达的内容并愿意接受。而不生气可以提高成功传达的可能性。

人们经常说"坏情绪会传染"。如果朋友情绪低落，这种负面情绪就会传递给我们，让我们的心情也变差。我想大家都有过这种经历吧。一项调查显示，"不愉快的情绪甚至可能通过社交平台等渠道传递给更多人"。

那么，当愤怒和不愉快的情绪出现时，我们该怎么做呢？

精神科医生和田秀树曾说过，压制怒火的一个重要方法是**客观地认识到自己在生气或不愉快这个事实，然后先冷静下来**（出自《为了我们"再也不生气"》）。

愤怒不仅会使我们想说的话无法传达，还会让对方觉得我们不够成熟，从而带来许多负面影响。因此，掌握压制怒火的方法非常有必要。

和田医生还介绍了一种减轻怒气的方法——**生气时先深呼**

吸3秒。

　　怒火攻心时，我们的大脑可能会缺氧，此时深呼吸3秒，会把氧气传送到大脑中，也会帮助我们重新恢复冷静。

　　据说还有一种"冰激凌灭'火'法"——吃甜食可以提升血糖值，冰凉的食物可以"冷却"大脑。

　　如果觉得无论如何都无法压制怒火，那就要求自己"**只能生3秒气**"吧。怒气一直憋在心里的话，对身体不好，所以我们可以稍微发泄一下。不过，必须限制生气的时间，以便能快速改变状态。这个方法非常实用。

　　总之，掌握这些调整心态的方法能够帮助我们更好地传达。

误认为"就算我不说，对方也能懂"会导致不好的结局

据说**离婚的第一大原因是"性格不合"**。各种机构进行调查后都发现该原因以压倒性的优势占据了第一名。

看到这一调查结果，我产生了疑惑。

另一项调查显示，目前恋爱结婚的比例占87.9%。虽然情侣们交往的时间有长有短，但大部分应该都是了解并喜欢上对方才结婚的。既然这样，为什么会"性格不合"呢？难道这些人不是在一定程度上了解了对方的性格才结婚的吗（不过，应该也存在那种结婚后性格大变的人）？

据说走到离婚这一步的夫妻在生活中有以下特征：很少沟通、不怎么关心对方、和家人一起度过的时间很少、不怎么听对方说话、总认为自己的意见是正确的。他们之所以会变成这样，正是因为**在相处的过程中抱着一种"就算我不说，对方也能懂"**的错误心态。

产生不满的主要原因是"没有表达"

这个问题不仅会在家人或者夫妻之间出现，还经常发生在职场中。在工作中，报告、联系、商量非常重要，这些都和"表达"有关。

如果每天都在一起工作，同事之间很容易会产生这样的想法："就算我不说，对方应该也能懂。"或者"那件事我们都知道了。"

但是，实际上，很多时候对方并不懂我们的想法，也并不知道那件事。这样一来，同事之间就会产生不满。

我们可能会觉得对方并没有认真听，或者搞不明白对方究竟在想什么。不满的情绪就这样在我们的心里扎根。这种不满越积越多，有时甚至可能会爆发，引发更严重的问题……因此，报告、联系、商量非常重要。

导致这些问题的原因是"没有表达"。

我们在日常生活中经常会忘记表达。如果注意力暂时被其他事情占据而来不及表达，请务必及时地表达出来。

这样一来，我们才能重新认识到表达究竟有多么重要。

迅速知道传达是否有效的提问法

在面试时，如果听到面试官说"请做一下自我介绍吧"，有些人会滔滔不绝地讲述自己的经历，内容大多是简历上有的。

很遗憾，我认为这些人其实并不擅长表达自己。因为他们并没有理解面试官为什么要他们进行自我介绍。

其实，面试官之所以要应聘者进行自我介绍，主要是因为他们想了解"你是一个什么样的人，你的魅力是什么"。

我们活了多久就和自己相处了多久，因此，与自己交情最深、最了解自己的人其实就是我们自己。如果连自己都无法很好地介绍自己，面试官自然会产生怀疑。因此，"请做一下自我介绍吧"其实是一个能够一眼看穿对方表达能力的关键性问题。

另外，在面试中还有一个关键性问题——"请谈一谈你的工作经历"。

听到这个问题，有些人可能只会回答自己以前的职位或所属的部门。我认为这种人也属于不擅长表达的那一类人。因为这样其实只说了自己以前的职位，并没有回答具体的工作经历。和了解自己一样，我们也一定是那个最了解自己工作经历的人，所以，如果连我们自己都无法很好地叙述自己的工作经历，以此吸引面试官的注意力，那就太可惜了。

下面有一个例子。

"请谈一谈你的工作经历。"

"我曾经在××公司担任财务部部长一职。"

如果这样回答，肯定没说错什么，但仔细思考一下，我们就会明白这不是对方想听的内容。

部长只是一个职位，部长的具体工作内容是什么？究竟是管理，还是职员兼管理，或者是其他的？如果是管理，那么工作经历就是在财务部管理下属；如果是职员兼管理，那么就可以从一边管理下属，一边从事××具体工作说起，使自己的工作经历听上去更吸引人。我认为能够这样回答面试官的人才是真正善于表达的人。

提问的抽象度越高，我们就越能明白对方在思考什么。如果想要得到明确的答案，提问者就必须提出具体的问题；如果想更广泛地了解对方的想法，那么故意提抽象的问题也是一个可取的办法。

第5章

表达时如何应对"麻烦的人"

如何应对"立刻否定的人"

在工作中，"**否定思维**"其实是一种非常重要的思维方式。

"否定思维"指的是我们在判断自己正在推进的项目是否可以继续下去时，有意识地从一种否定的视角来看待问题，质问自己"这样下去是不是不行"，也可以说是一种怀疑的态度。

例如，当我需要判断一份稿件的质量好坏时，如果不带任何怀疑的眼光去读，那么大多数情况下我都会觉得这份稿子写得还可以。但是，如果有意识地以"否定思维"来看待，我就能更加严格地打磨这份稿件。

我在以前写的书中提出了上述观点，结果收到了这样的提问："我的公司里总有一些一直持反对意见的人，那些人也是以否定思维来看待问题的吗？"

不是的，这里的"否定"与我所说的"否定思维"不是一回事。**有意识地从否定的角度来看问题和对任何事都持否定观点这两种态度完全不一样。**

的确，生活中我们经常会遇到一些喜欢否定一切的人。

当你询问："你觉得这个企划案怎么样？"

对方会回答："不太好吧。"接着会说明为什么不好。

当你询问："我们可以和这个客户开展新合作吗？"

对方会回答："不太好办吧。"接着会说明为什么不好办。

这些人也拿不出什么替代方案，只是一味地否定而已。

你身边是否也有类似的人呢？

一直否定的人似乎认识不到自己其实一直在否定别人。也就是说，他们的否定是无意识的。

那么，他们究竟为什么要否定一切呢？

原因有很多，不过主要还是因为他们想通过否定来贬低对方、抬高自己，所以有时这种否定其实也是一种**自我肯定行为**。

另外，也有一些人想通过否定**让自己占据比对方更具优势的地位**。因为他们害怕对方可能会比自己更优秀，所以**出于不服输或者自卑**来否定对方。

也就是说，这种否定行为基于一种十分复杂的情感内核。

那么，我们应该如何与这类人相处呢？

喜欢否定的人有一个特点，那就是喜欢"部分否定"。这些人的否定大多并不是"为了实现目标或做出成果的否定"，而是

"**基于个人喜恶和内心执念的部分否定**"。如果是这样，**其实我们只需要把话题展开**。

如果话题限于局部，那就正合他们的意。局限在一个小范围内，说来说去也说不出什么结果。而且，因为局部内容大多是细枝末节的部分，有时其实根本不需要在这些细节上费口舌。因此，如果遇到这类抓住细节不放的人，**我们需要尽快转移话题**。

流畅且自然地改变话题的技巧之一是确认目标。

我们要确认工作目标并思考如何将提出的意见和想法与目标结合起来，用一种俯瞰的视角来推动话题展开。

与那些动不动就否定的人交流时，要始终保持目标意识，不断地确认这段谈话是否朝着预期目标前进。

在共享目标时，我推荐大家运用第68页提到的**利用白板的方法**。如果没有白板，也可以用纸。总而言之，我们要让目标可视化。

在白板中间写上我们想实现的目标，在周围写上有助于实现目标的意见或计划，将那些不断否定的人提出的意见也一并写上。这样一来，我们就可以清晰地看到他们的意见其实对实现目标并没有帮助。

如何应对"听不懂话的人"

《就算生气也别和傻瓜争执！》以及《别和笨蛋来往》这两本书曾一度热销。

虽然我们不清楚对方是不是真的笨，但是**如果无论怎么沟通都行不通，我们也可以选择不勉强自己和这样的人沟通**。因为就算在这些沟通上花费了时间，可能也无法传达自己的想法。

当然，也有一些人从事的职业决定了他们必须要与他人沟通，例如教育、医疗、护理等行业的从业者。在这种情况下，我认为只需要在"传达是困难的"这个前提下沟通即可（见第140页）。

人只能理解自己认知范围内的事物。所以，那种对方无论如何都无法理解的情况确实会发生。

当然，这并不代表我们不需要花费时间和精力来尽可能地表达自己的想法。不过，有时候我们会碰到那些不管花多少时间和精力去表达对方都无法理解的情况。这时，"断念"就是一个必要的选项。总之，以传达终究会失败为前提，决定该如何做吧。

有时候，"断念"并不容易。在需要"断念"时，我经常会做下面3件事：

· 重新确认自己的时间的价值。
· 避免情绪化。
· 重新确认目标。

"重新确认自己的时间的价值"指的是重新确认自己宝贵的时间是否值得花费到某件事上，如果不值得，自然会"断念"。

"避免情绪化"指的是不生气。避免情绪化可以帮助我们更冷静地判断。

"重新确认目标"是指重新认识到花时间在一件终究不会成功的事上对自己并没有帮助。

如何应对"吹毛求疵的人"

在举行会议或者进行磋商时，总有一些人喜欢提吹毛求疵的问题。

这类人的提问大多偏离主题，或者不断地追问那些现阶段还无法解释的细节部分。

这种吹毛求疵的人确实很常见。

那么，他们如此吹毛求疵究竟是为了什么呢？

在举行会议时，很多这样提问的人都是出于"如果不说些什么就无法彰显自己存在的价值，勉强问个问题吧"或者"想压你一头，所以故意提一些很难回答的问题来为难你"之类的心理。

不管他们出于何种目的，无疑都是很棘手的一类人。

当我们面对这些人时，也必须考虑到我们的立场和与对方之间的关系。如果我们与对方在某种程度上可以直接将问题说清楚，那么，可以考虑使用"这个问题偏离了今天的会议主题，以后再探讨吧"或者"不好意思，我的内容还没有说完，这个问题能不能等一下再探讨呢"等回答。

简单来说，就是尽量不要回答这些提问。

不过，由于这种表达方式过于直接，很有可能会伤害对方的感情。所以，为了不树敌，我们可以采取一些更加缜密的方法来回答——**尽量不否定对方。**

首先就是接受。

不过，我们要在接受提问的基础上确认目标或目的。这是因为吹毛求疵的人总喜欢咬住那些与事情本质不相关的细枝末节不松口。这里采取的是与应对那些立刻否定的人相同的对策。

例如，在会议上可以这样说："谢谢您的意见。您指出的问题非常正确。今天会议探讨的主要是×××，还有许多细节部分的问题没有解决。关于您指出的问题，如果今天的会议能就×××探讨出结果，那么接下来我将解决您的问题。再次感谢您的提问。"

我们需要避免脱离本质的探讨。所以，我们在回答问题时要一边确认目标，一边照顾对方的情感或立场。

如何应对"无法展开话题的人"

下面是两个第一次见面的人之间的一段寒暄。

A："最近天有点冷啊。"

B："是啊。"

A："枫叶也很美，日光市的伊吕波坡道堵得可厉害了。"

B："是吗？"

A："这边的办公室氛围真不错啊。"

B："谢谢夸奖。"

A："……那么，关于今天的这个项目提案……"

在这段对话中，A每次抛出的话头都被打断，话题自然无法展开。在现实生活中，我们也经常会遇到这种情况。

那么，为何无法展开话题呢？我总结出以下几个原因。

话题无法展开的原因

① 对方不擅长聊天。

② 对方没有兴趣聊天，不想说话。

③ 对方现在心情不好。

④ 对方没有时间，所以想尽快结束对话。

⑤ 提问太差劲了，所以对方不想回答。

⑥ 对方对我们并没有好感。

其实，还有很多其他原因。

如果我们碰到的是不擅长聊天的人，那就没有办法了。

不过，有些人虽然不擅长说，但是喜欢倾听，所以比起不断向对方抛出提问，不如自己掌握对话主导权，这样可能会更好。

如果对方是没有时间聊天的人，我们就需要尽快结束对话，这也是为对方着想。这种情况下，我们不需要展开话题。

②、③、⑤这3种情况比较复杂，"提问的能力"能够帮我们解决问题。

我喜欢足球，经常观看足球比赛。在观看赛后选手采访时，我经常会想到一件事：采访者提问时使用的技巧不同，选手的回答也会完全不同。

对于"请谈一谈你对今天比赛的感想"这种司空见惯的提问，选手只会回答提前准备好的内容。如果赢了比赛，大概会说"将此次胜利的经验运用到今后的比赛中"或"忘记今天的胜利，从明天开始继续专心备战"之类的话；要是输了，就会说"今后会好好训练，下次一定会赢"之类的话。

然而，如果采访者十分擅长提问，选手会出乎意料地吐露心声，他们的表情以及说话方式也将更加真诚，给出的回答在观众看来也更有趣。

提问方式不同，回答也会完全不同，这就是提问的能力。这种提问的能力还能运用在开会或者闲聊中。

提问不是"岔开话题"，而是"深入话题"

为了将话题展开，最重要的是"深入提问"。下面是一个例子。

A："听说您喜欢跑步。"

B："是的，我经常去跑步。"

A："前几天电视里播的马拉松比赛您看了吗？"

B："没看。"

A："在那场比赛中，很多选手都穿了某款运动鞋，您跑步时穿的也是那款运动鞋吗？"

B："不是。"

A："……"

B："……"

这个例子是反面教材。

因为话题没有展开，所以提问者不断地横向岔开话题。

即便如此，话题还是没有展开，所以只能重复这样的方法来岔开话题。

这种提问方式还有一个缺点——"对方用是或否就能回答"。

如果对方回答"是"，那么我们确实能将话题展开；但如果对方回答"否"，那么话题就会终止。

所以，我们要引导对方说出能够延伸到下一段对话中的内容，而非仅仅回答"是"或"否"。这样话题才会展开。

下面是另一个例子。

A："听说您喜欢跑步。"

B："是的，我经常去跑步。"

A："您一般在哪里跑步呢？"

B："我经常在我家附近跑步，出去旅游时也会在当地跑步。"

A："是吗？那您旅游时在什么地方跑过步呢？"

B："我去京都旅行的时候经常跑步。京都有很多神社、寺庙，景点很多，在京都跑步很有趣。"

A："真不错啊。我也很喜欢京都，经常去那里旅游。下次我也要去京都跑步。您有推荐的跑步线路吗？"

这个例子就避免了让对方能以"是"或"否"来回答，提出了深入且具体的问题。

这样一来，对话的气氛就会慢慢地活跃起来。

就算对方一开始并不想了解你这个人，通过这样的方式展开话题，说不定会让对方对你产生兴趣。

另外，如果对方本来心情不太好，随着闲聊的气氛越来越活跃，对方的心情可能会变得愉悦，而且也容易对你产生好感。

　　总之，合适的提问会成为沟通中的重要武器。

展开话题的提问技巧

展开话题的提问技巧之一就是询问对方喜欢的事。

①询问对方喜欢什么。

②对方喜欢的事不仅体现在对话中，而且可能会隐藏在**所持物品中**。如果是在网上聊天，那么聊天背景中可能会藏着对方的爱好。

③**将对方喜欢的事和自己能说上几句的事联系起来。**避免一味地向对方提问，也要融入一些自己的事，营造出一种聊天氛围很好的状态。

人在聊自己喜欢的事时一般会很开心，也会更容易对那些与自己有相同爱好的人产生好感。**所以，对方喜欢的事就是绝佳的聊天内容。**

另外，我还想介绍一些编辑在工作时经常使用的提问技巧。

在工作中，我们有很多采访的机会。此时，我们会提一些"正中靶心"的问题。

例如，我们在采访厨师时会直截了当地问："为什么您可以把菜做得这么好吃？"

之所以这样提问，首先是因为好奇心驱使我们"想知道这一点"，其次是因为这样直接的提问中隐藏着许多可以将话题延伸到其他内容上的可能性。

这个提问可能会让这位厨师答出他过往的人生经验，也可能会涉及食材选择的话题，甚至可能会延伸到餐厅存在的意义。也就是说，一个问题可能会引出其他让人出乎意料的话题，所以我们在提问时必须抓住人物的精髓，让提问"正中靶心"。

如何应对“难搭话的人”

曾经有一个人这样问我："我必须向上司汇报，可上司看起来很忙，我找不到搭话的时机。在我等待时机的时候，上司反而问我：'上次那件事怎么样了？'等我汇报完，上司生气地说：'为什么不早点跟我汇报？！'可之前当我想早点汇报时，上司又生气地说：'看不到我现在很忙吗？！'……我究竟该怎么做呢？"

我也有过这种经历。

每当我想向上司汇报工作时，上司就出去办事并且不回来了。我实在没办法，就用邮件向上司汇报，结果被痛骂了一顿："怎么汇报得这么慢？！"

在这种情况下，我们确实会不明白究竟该如何做。

如果上司是个比较容易搭话的人，可能就不会有这种烦恼了；但如果对方是个难搭话的人，那么汇报工作也可能被骂。

那些容易情绪化的人比较难搭话。他们只要进入了状态，就会变得非常情绪化。那么，如果必须要立刻对这类人说些什么，该如何搭话呢?

重点是要搞清楚**对方究竟为什么如此情绪化**。

我认为这类人生气的原因主要包括以下4点:

- ·事情没按照自己的预想发展。
- ·不管说多少遍对方都听不懂。
- ·对方的态度很差,不体贴。
- ·只是心情不好。

例如,在一开始那个向上司汇报的例子中,上司可能是因为"事情没按照自己的预想发展"或者"说了好几遍对方还是听不懂"才会如此生气。另外,如果在上司很忙时去汇报,生气的原因可能就是"对方不够体贴"。

在此,我想提出几个解决办法。

首先,**在与对方相处时,我们要避免自己也变得情绪化,而且不能畏首畏尾**。否则可能会让对方更加生气。

我推荐采用"学者视角"来看待问题。即避免和对方站在一个水平上看待问题，而是将对方视为研究对象。在面对一个生气的人时，试着成为一名"研究人为什么立马就会生气的脑科学家"吧。当然，这种"学者视角"只能存在于大脑中，千万不能表露出来。

　　从学者的角度思考，将眼前发生的不愉快或者消极的事变成自己的"学术资料"吧。

例如，如果你在某家企业的客服部门工作，每天都要处理来自客户的各种投诉，就可以尝试将这些客户的投诉转换为帮助自己发展事业和提升服务质量的重要材料。

这样一来，我们就可以赋予那些令人厌烦的投诉以积极的价值。通过这样的思维方式，我们能够将负面的信息转换为正面、积极的内容。

我将这一过程称为"价值积极化"，意识到这一点，能够帮助我们解决问题。

在感情上，我们可能会觉得有些委屈，认为"为什么非要考虑到这个地步不可呢"，但是，其实这并不是为了对方，而是为了我们自己。

后记

香蕉与我

我家的冰箱里一直都有香蕉。

这是因为香蕉是我与心爱的宠物狗之间沟通的桥梁。

我的宠物狗很喜欢吃香蕉。每天早上，它都会缠着我，好像在说："快给我香蕉！"

于是，我会拿出一根香蕉，给它掰一点，剩下的自己吃。在这段时间里，我的内心非常宁静、平和。对我来说，这就是香蕉的魅力之一（关于香蕉味道的魅力，我在第22~23页已经详细解释过了）。

十分感谢大家读完这本《香蕉特别会说话》！

现在，我想解释一下自己为什么选择香蕉，以及这本书为什么叫《香蕉特别会说话》。

为什么是"香蕉"？

为什么"香蕉会说话"？

为什么是"特别会说话"?

我想许多读者应该会有这些疑问吧？其实，这些都是有原因的。

·香蕉

我喜欢吃香蕉并发现了香蕉的魅力，这是我取这个书名的主要原因。不过，还有一点——我有意识地考虑到了传达结构中"对方立场"和"亲近感"的重要性，所以选择了香蕉。

香蕉是大家都很熟悉的水果。在日常生活中，香蕉这个形象其实出乎意料地十分活跃，在卡通角色、时尚品牌、游乐设施（香蕉船）等处都能见到。所以，香蕉这个词很容易吸引人们的兴趣。

·香蕉会说话

这里也包含了传达技巧，那就是"意料之中与意料之外"法则。我在第45页对这个法则进行了详细说明。运用这个法则时需要注意，在表达中使用它的主要目的是"增加变化幅度，突出价值"。我认为，"香蕉会说话"很容易激发大多数人的好奇心。反之，如果书名是"善于沟通的人会说话"或者"香蕉好吃"，效果会如何呢？可能就无法激发人们的好奇心吧。

另外，在从"意料之中"到"意料之外"的过程中，如果加入偶然、惊讶、新鲜、憧憬这类感情，就能吸引对方更多的兴趣和关注。

· **特别会说话**

这是我为了吸引读者对这本书产生兴趣而使用的说法，并且由于这本书的主要内容是说话方式，所以我把"说话"这个词直接放在了书名中。

以上就是书名的"秘密"。

把自己的小心思说出来确实有些不好意思，不过，因为这本书写的是传达法则，所以我想还是在最后将这些事说清楚比较好。

一直以来，我在表达这件事上栽了许多跟头。我总是很苦恼，为什么我想说的都无法传达给对方呢？

我一遍又一遍地思考"传达"究竟是什么，反复地学习、实践，并将自己长期积累下来的经验都写入了这本书中。

另外，在准备阶段，我还采访了许多人，也倾听了他们在人生中遇到的有关表达的苦恼和问题。借此机会，我想对他们表示衷心的感谢。

本书诞生的契机是许多人有类似的关于表达的苦恼。

如果本书能够对您的人生有一些帮助，那我将无比高兴。

在此，我想再对大家说一声，谢谢你们读这本书（无论说多少遍我都十分感谢）！

最后，我想再重复一遍我推荐的本书的使用方法。

- 请反复阅读，不要仅读一遍。
- 一定要让书中的内容成为属于自己的知识。可以在自己认为重要的地方画线，或在空白处写上自己的想法。
- 不要止步于吸收书中的知识，而是要根据自身情况在现实生活中进行实践，积极地运用这些知识。
- 以这本书为基础，找到你的专属传达技巧。
- 本书的后勒口部分（封底在切口一侧向内折叠的部分）可以作为便笺使用，请务必写上自己想说的话，再将本书作为礼物送给你珍视的那个人（这是我的个人建议）。